人人经济学

不可逆的短视频与直播浪潮

李嗲 Lydia 温智凡——著

花山文艺出版社

图书在版编目（CIP）数据

人人经济学：不可逆的短视频与直播浪潮 / 李哆 Lydia，温智凡著 . -- 石家庄：花山文艺出版社，2020.6

ISBN 978-7-5511-5145-0

Ⅰ . ①人… Ⅱ . ①李… ②温… Ⅲ . ①网络营销 - 通俗读物 Ⅳ . ① F713.365.2-49

中国版本图书馆 CIP 数据核字（2020）第 075278 号

书　　名：人人经济学：不可逆的短视频与直播浪潮
RENREN JINGJIXUE：BUKENI DE DUANSHIPIN YU ZHIBO LANGCHAO

著　　者：李哆 Lydia　温智凡

责任编辑　郝卫国
责任校对　董　舸
封面设计　创研设
美术编辑　胡彤亮
出版发行　花山文艺出版社（邮政编码：050061）
（河北省石家庄市友谊北大街 330 号）
销售热线：0311-88643221/29/31/32/26
传　　真：0311-88643225
印　　刷　天津旭非印刷有限公司
经　　销　新华书店
开　　本　880 × 1230　1/32
印　　张　8
字　　数　130 千字
版　　次　2020 年 6 月第 1 版
2020 年 6 月第 1 次印刷
书　　号　ISBN 978-7-5511-5145-0
定　　价　46.80 元

目录 CONTENTS

第四章　人人皆 IP，新媒介赋能个体经济　103

第五章　面向未来的经济趋势　157

序一

PREFACE

互联网游戏规则变了，但金矿远远没有被挖尽

2019年9月，陌陌旗下一款名为“ZAO”的AI换脸APP横空出世，瞬间引爆全网，仅仅一夜时间，下载量就排到了“APP免费下载榜”第一的位置。在整个2019年流量增长近乎停滞，大家都在“拼留存”和“促活”的生态大背景下，如一声惊雷，响彻业界。

新浪随后也推出了生活式社交平台“绿洲”，对标Instagram（照片墙，一款运行在移动端上的社交应用），主推视频和图片社交，凭借积累的大量博主的号召力，邀请码紧俏，堪称一码难求。

这些都是互联网巨头们在寒冬中的求生之路，他们纷纷想

尽办法降低创作门槛，增强互动，吸引优质内容。

为什么大家都这样做呢？原因很简单——网民们越来越不喜欢常见的图文阅读方式。当具备更丰富的感官刺激，即时性需求能够被瞬间满足的短视频、直播出现之后，传统的内容呈现方式就必然会更新升级。

市场的需求，从来都是倒逼创作者不断进步与自我演化的。

如今，在大街上几乎找不到卖报纸杂志的报刊亭了，出租车里也很少再放电台歌曲了，传统媒体人早已经过了新媒体崛起后的残酷洗牌，其中的佼佼者——如罗振宇、樊登、陈翔等紧紧拥抱互联网时代，华丽突围，而那些不愿意改变的老媒体人则面临能否尽快转型的命运抉择。

同样的考验，如今的互联网人和自媒体人也在面对。“95后”“00后”从接触电子产品的那一刻起，就处在从视频媒介接收信息的环境中，我们只能适应并迎合他们——他们是未来最大的流量消费群体。

据第三方数据平台监测显示，中国目前的综合视频和短视频用户已经接近10亿户，在乘坐火车、地铁、公交的碎片化时间里，许多人不约而同地选择了观看抖音和快手视频。而在三四线城市的中老年群体以及在家族群里传播的视频中，大都带着火山小视频的水印。一场疫情更是为全民直播的进程按下了加速键。

可以说，现在还拒绝短视频和直播的个人和企业，就如同之前拒绝电脑和互联网的人一样，面临时代进步带来的挑战。

除了短视频增长势头放缓，传统的直播领域也经历了一轮大洗牌，YY、9158、映客、虎牙以及斗鱼等平台悉数登陆资本市场，无论是个人秀场模式，还是游戏直播模式，都以令人咋舌的经济效益颠覆着上一代互联网人的认知。

就连360创始人周鸿祎也曾在年会上反思：“我在不合适的场合睡了一觉，当我睡醒了之后，我发现这个世界都变了。我发现除了我成了‘网红’之外，互联网游戏规则真的都变了。”

所幸，现在还不晚。

在中国互联网初代“网红”李寻欢、宁财神、安妮宝贝和芙蓉姐姐等一代人独领风骚若干年后的今天，依旧会诞生一批又一批的新晋网红，互联网的金矿还远远没被挖尽。

在这样的大背景下，谁能保持一流的学习力和敏锐的嗅觉，紧跟时代潮流，挖掘时代的需求点，将那些亘古不变的人类对于爱情、欢笑、感动、暖心等情绪需求通过新的媒介传达给大众，谁就能在新的时代背景下焕发新生。

相较于图文，视频和直播对电商的流量导向是最直接、最有效的。无论是全方位地展示产品和凸显优势，还是博主亲身展示使用体验和操作过程以引导用户使用，都会极大地刺激用户的购买欲。正因为这样的形式可以直接刺激用户体验，所以在导购时代就有出类拔萃的李佳琦，在抖音平台上化身“口红一哥”，成为新一代传奇网红。

不仅短视频平台本土网红的“带货”能力让人刮目相看，就连明星们也纷纷下场：郭富城在快手卖了16万瓶洗发水，柳岩也有3小时带货过千万的惊人战绩。

带货，可以说是流量界最大的硬通货，即所谓“谁离钱最近，谁就更有生命力”。

所以，不管你是小企业主、大学生、刚入职几年的白领，还是已经颇有建树的自媒体人，我都建议你以5G的速度入局短视频和直播领域，深化自己的理解，觉察、模仿和学习，在这个可以弯道超车的赛道上抢占一席之地。

本书第一章的内容为视频媒介的发展历史概述，为零基础的读者做一些简单的科普，可以帮助大家快速了解视频江湖的前世今生，从而更好地理解后面章节中提到的具体问题，也能够对整个行业的格局发展和演变趋势有更加宏观的概念。

第二章具体拆解了短视频巨头平台的生态和环境，以及头部内容的风格和社区风格喜好，帮助大家更好地找到适合自己“冷启动”的平台。

第三章解析了不同亚文化和各个门派的区别，及背后所承载的不同目的和发展方向，其共通的“引爆点”是可以被我们所消化与吸收的。我们必须从大处着眼，小处着手，找准自己的赛道，博采众长地生产具有独创性的内容。

第四章着重剖析新媒介如何赋能个人IP。我们已经做了大量的实践和尝试，相信我的经验一定能够为大家提供一些借鉴。这条路不好走，我们必须做好投入大量金钱和精力的准备，保持一个好的心态。因为我们只有坚信短视频与直播是未来，是趋势红利，是不得不断臂求生的方向，才有可能在IP化的道路上华丽转身。

第五章的重点是面向未来的经济趋势，在人人皆IP，人人可带货的时代，任何以信息传媒相关衍生能量作为生存手段的个体或团队，都不可错过短视频与直播的浪潮。

在最后一章中，我将跟大家分享IP化生存的实操经验，比如入行视频行业需要做哪些准备？视频行业的真实工作状态是什么样的？如何选择适合自己的赛道？大到组建团队小到写一份合格的脚本方案，你在实践中遇到的困难几乎都可以在本章中找到答案。阅读的结束是行动的开始，希望本书能成为你的行动助推器。如果你在实践过程中遇到任何困难，也可以搜索“弹球小姐Lydia”“EyeOpener”的自媒体账号反馈交流。

对于传统企业经营者而言，可将短视频与直播的运营纳入企业新媒体的日常运营矩阵中，多维度地传递信息，同消费者拉近距离，获取他们的好感，从而促成更多的交易。

个人类自媒体从业者也可以将短视频与直播作为延伸自己表达的手段，让更多有价值的内容以这种门槛更低的媒介形式与更多人产生连接。

从商业价值上来说，视频类创作者的“刊例价”[①]也远远大于纯文字类创作者。同样的一段素材被不同的形式加工后，会产生完全不同的经济效应。而直播带货更是成了普通人实现人生跃迁的方式。可以说，短视频和直播是我们这个时代不能回避，也不能放弃的高效运营手段。

李嗲Lydia于上海，2019

① 刊例价是指每家媒体官方对外报出的价格，根据媒体的知名度、发行量、发行区域等因素，每家媒体都会核定适合自己定位的刊例价格。一般实际刊登时都会给客户有折扣，不同的媒体也有不同的折扣，视媒体内部的规定而定。——编者注

序二
PREFACE

一位短视频创业者的自白

老实说，Lydia（李嗲）一开始提议合写这本书时，我是犯怵的，心想我何德何能，自己还在策划和运营中不断“撞墙”，哪有什么资格去给别人“指南”？

但在收集资料时，我看到了一个问题：“你现在有多少粉丝？”于是我粗略统计了一下，发现不知不觉间，关注我们视频团队的粉丝数量竟已悄悄地过了1000万人，且全网播放量超过了10亿次。再加上这两个月我带领团队又成功帮助三个客户分别培养起三个播放量过千万的抖音号。这样一想，或许我踩过的红毯和掉过的坑确实值得铺陈出来，给对短视频创业者和想通过短视频获取更多流量和商业可能性的企业提供一些参考建议。

机遇使然，远见加持：我一直认为自己是幸运的，在涨粉和曝光的红利期及时抓住了机会——我是头条号上最早开始做短视频的一拨人之一。张一鸣在2016年9月20日的第二届头条号创作者大会上提出短视频是内容创业新风口观点的时候，我们的第一个知识类头条号EyeOpener已经成功运营了半年时间，并积累了第一波粉丝。

之所以选择知识这一领域，一方面是因为传播信息和观点本身就是我的专业和爱好，另一方面是因为彼时我认为教育是最持久的创业风口之一，而知识类、科普类内容和教育是最接近的。

如今三年已过，当下知识类账号的数据表现、各平台对知识类账号的扶持，以及各大品牌越来越青睐于和知识类账号合作的现状印证了我当初的判断。

Learn from the best（向最优秀的人/团队学习）：我并不是突然脑子一热就开始做短视频的。实际上，在正式开始运作之前，我已经把境内外当红和过气的头部Channels（频道）及UP主（作者）的代表视频认认真真地研究了一遍，其中我认为有参照价值的甚至要反复观看研究。

插一句题外话，那些动不动说自己花了一个月时间就把

Youtube[①]上过百万点击量的视频全部认真研究过的人，非奸即诈。截至2018年11月，Youtube上的视频播放量必须过11.8亿次，才有机会入围“YouTube上播放量最高的100支视频”。按照这个量级和逻辑推演，所有过百万点击量的视频单单轮播一遍，就至少需要整整一年的时间（无间断），更别提研究了。

比起这些爱说大话的创作者，没有做任何调查和分析就开始运营短视频的人，就更让人难以言说了。

务实的前提是要有好的方法论，否则最后白忙活一场的概率会很大。所以，我们要向优秀的创作者学习，任何一个短视频创作者（团队）如果能把Top100的视频都潜心研究一遍，总结拍摄、脚本、运营上的套路和技巧，就可以在前期免去很多无用功。

“巧妇难为无米之炊”，在短视频领域，内容就是巧妇手中的“米”，但这并不意味着“水”“锅”“柴火”这些必备因素就不重要。

尽管传统视频生产经验会让一部分人产生路径依赖，但一

① YouTube是一个视频网站，早期公司位于加利福尼亚州的圣布鲁诺。注册于2005年2月15日，由美籍华人陈士骏等人创立，让用户下载、观看及分享影片或短片。——编者注

个优秀的短视频创作者（团队）在视频生产的硬件和软件方面还是应该具备一定的基本功。

拿我自己来说，新闻和数字媒体的专业背景为我后来全身心投入短视频创作奠定了理论和技术基础。例如，佳能的600D、60D、5D2，尼康D90、D7500、D810，索尼的A7系列，甚至电视台的肩扛设备我都用过；Adobe Premiere Pro①、Final cut pro X②、Vegas③、Photoshop④、Illustrator⑤、Keynote⑥、Blender⑦、AE⑧等软件我也都能熟练运用。

此外，我在Freelancer.com（自由职业者网站）和ZoneFox（英国网络安全软件企业）、拉勾、一度飞行的工作经历使我对运营和市场有较为全面的认识……这些技能和经验为

① 由Adobe公司推出的一款常用的视频编辑软件。——编者注

② 苹果公司开发的一款专业视频非线性编辑软件。——编者注

③ 由Sonic Foundry公司开发的一款常用视频编辑软件。——编者注

④ 一款应用广泛的图像编辑软件。——编者注

⑤ 常被称为“AI”，是一种应用于出版、多媒体和在线图像的工业标准矢量插画的软件。——编者注

⑥ Keynote是诞生于2003年1月，由苹果公司推出的运行于Mac OS X操作系统下的演示幻灯片应用软件。——编者注

⑦ Blender是一款开源的跨平台全能三维动画制作软件，提供从建模、动画、材质、渲染、到音频处理、视频剪辑等一系列动画短片制作解决方案。——编者注

⑧ Adobe After Effects简称“AE”，是Adobe公司推出的一款图形视频处理软件，适用于从事设计和视频特技的机构，包括电视台、动画制作公司、个人后期制作工作室以及多媒体工作室。属于层类型后期软件。——编者注

我后来的短视频创作、运营和团队管理奠定了基础。尽管现在具体的生产环节都会责任到人，但团队里的成员大都兼具拍摄、剪辑、运营甚至商务和行政等多项技能。

无论是商业模式还是内容模式，如果只是停留在纸上谈兵的阶段，不在实践中找感觉，且不断试错，那么即使拥有再好的团队，也不能拍出优秀的短视频。

短视频行业的迭代速度几乎超越了所有其他行业的迭代速度。一方面是由于用户需求的日益变化（群体喜新厌旧的本质），另一方面，因为各种垂直领域人才的陆续加入，“网红”们退热的速度甚至比他们爆火的速度还要快。昨天全民好像都在跟风“好嗨哟，感觉人生到达了巅峰”①，“百因必有果，你的报应就是我”②，今天所有用户又都在疯狂追仿“OMG,买它！买它！”③

所以，到了2020年，如果还有短视频创作者（团队）花数个月的时间去策划一期视频（除非视频的精细化程度确实需要这样长的时间做后期），那势必没有什么竞争力。

“短视频”中的“短”，其实暗示着“快”：快速尝试，快

① 短视频创作者“多余与毛毛姐”成名金句。——编者注
② 短视频创作者“韩美娟”金句。——编者注
③ 美妆博主李佳琦金句。——编者注

速决断，快速迭代。除了主账号EyeOpener外，我们团队这三年来至少孵化了30个其他账号，其中只有个别（如“铅笔动画Pencilmation”）因表现良好而顺利存活下来，绝大多数都被内部淘汰了。

虽然其中个别账号的数据表现还算可以（拥有数十万粉丝，这对一般创作者或创作团队来说是求之不得的），但很遗憾，因为没有达到我们的预期，还是被我们果断放弃了。

自媒体行业发展之快还体现在评判标准的跃迁上：今天的我们如果还在追求“10万+”，会像现在高喊“我要成为万元户”一样滑稽；而“10万+”从一个热词到被大众抛诸脑后，时间跨度不超过两年！短视频当道的今天，爆款视频都是以千万次播放量打底的，转、评、赞的数量甚至也都是百万起的。

短视频行业的“飓风”一直在吹，我有幸成为短视频内容创业人群中的一只“早鸟”。但因为风向总是捉摸不定，所以在这过程中我有过扶摇直上的刺激体验，也遇到过急转直下的危险情境。

本书中，我将如实介绍我在短视频创业过程中尝过的“蜜”和踩过的“坑”，希望我的实操经验可以为短视频创业者（团队），或尝试入局短视频的企业提供一些有价值的参照，让您或您的团队少走一些弯路。

温智凡于北京，2019

BECOMING HIT MAKERS

How to Catch up with the Short Video and Live Streaming Trends

人人经济学：不可逆的短视频与直播浪潮

第一章 “视”不可挡的新媒介

1.1 短视频，一次对话方式的革命

媒体的本质就是传播信息的媒介，帮助人们传递与获取信息。无论是传统媒体还是新媒体，都是在为公众传递信息、价值观、情绪体验等。短视频也不例外，只不过在对话方式上，它有自己独特的风格和语义。

最初级的用户是分享自己生活中的点点滴滴，而稍微有一点儿“修饰”意识的人，则会在此基础上加上一点儿背景音乐和滤镜，这也就是“微博故事”的初衷。为了鼓励即时分享和即时互动，它设置了只保存24小时的模式，分享模式十分简单。

微信朋友圈的“好友动态”，差不多也是这样的特质。但据我观察，其浏览量寥寥——毕竟大多数人将朋友圈视为自己的私域空间。普通用户的日常生活，是没有太多阅读和传播价值的，它并不是什么“有价值的信息”，也正因为如此，大多没有短视频语感的素人用户很难运营一个短视频账号。

对话不是单向的，只靠创作者发出声音是不够的，还需要考虑有多少人愿意接受和做出反馈。

同样是日常生活的记录，Vlog（视频博客）模式则创造了一大批生活类、美妆类和旅行博主。他们同样是从起床开始记录，但会从家居布置、博主的表现力、镜头构图和剪辑节奏等方面对素材进行二次创作，使得用户能够通过博主的镜头，满足自己对不同人群生活的好奇。

而那些教学类视频，也不是简单的录制教学视频，然后上传到平台。精心设计的海报图、文字、图标、辅助线等将最重要的信息瞬间表达完整。比如摄影技巧类的短视频，会录制拍摄的完整过程，紧接着还会展示成片的效果……对于任何一个要学习的人来说，这些都是完整又直观的体验。

知道了这些之后，对于想在视频网站录制教学视频的老师们，当你们需要进军短视频教育领域的时候，最好是寻求一个专业的短视频代运营公司去重塑脚本和内容——这和一部小说要搬上大荧幕需要一个编剧团队来重新操刀是一个性质——短视频有着独属于自己的语言逻辑，且没有教材，只有深植于这个领域的专业人士才懂得这一套逻辑。

我在本书中阐释的部分，就是将短视频的底层逻辑进行层层剖析，然后呈现给大家。

至于演绎式短视频和小品式短视频，以及配音、宅舞和挑战类视频，都是电影、电视剧、综艺节目和日常生活分享的中间态新型对话方式，这些视频大都能够满足群体的娱乐需求，其中的佼佼者有冯提莫①和费启鸣②等，以他们的才艺和颜值本不足以从竞争残酷的娱乐圈出道，却意外地从直播和短视频赛道里杀出了一条血路，如今的商演价格已经直逼二三线艺人。

交流，是人类永恒的需求，如果这个世界上只剩下一个人，他就算不会被饿死，也会孤独而死。一切有关信息传递的行为，本质上都是有其旺盛生命力的。基于这样的认识，我们再用合适的短视频语言勾起用户的关注和互动，如此才算是一个完整的短视频产品。

短视频平台会根据视频的“完播率”“点赞比例”“评论数”“分享到站外”等维度去精细化地标识账户，并为账号打分。合格的内容一旦融入“流量池”，就会被系统推荐给可能会喜欢这类视频的用户，使得作品可以裂变式传播，同时也给予短视频创作者“一对多”的舞台对话方式。

---

① 中国女歌手、网络主播。

② 中国影视男演员、流行乐歌手、节目主持人，毕业于济宁学院文化传播系。

可以说，视频生产者从一开始创作的时候，就应该抱持着这样的心理预期去设计和创作，去传递有价值的信息、观点和情绪价值。

有意思的是，通常，短视频账号运营得不错的人，不见得在生活中就有多么健谈。可以说，短视频领域的对话，是一种全新的表达体验。在接下来的内容中，我们将会重点对这一特性进行说明。

1.2 短视频的出道之路

据2018年10月的数据统计，国内约14亿人口中，像吃饭睡觉一样习以为常地刷抖音短视频的人数超过了2亿[①]。而仅仅两年前，国内的短视频尚在起步阶段，抖音还处于不为人知的萌芽状态。

抖音的迅速崛起，堪称中国互联网速度下的典型案例——人口基数上的优势外加通信科技的催化（wifi、4G的迅速普及和降费），中国短视频产品发展的速度与规模令人咂舌。

抖音的爆火不仅让“BAT”[②]们紧张地火速布局短视频产品（见图1-1），也开始让国外的行业老巨头们坐立不安，比如Facebook（脸书）于2018年11月份推出了短视频产品Lasso。

① 郑洁瑶：《抖音进击的一年：国内日活破2亿，海外版下载量超Facebook》https://www.jiemian.com/article/2605824.html

② B指百度、A指阿里巴巴、T指腾讯，是中国互联网公司百度公司（Baidu）、阿里巴巴集团（Alibaba）、腾讯公司（Tencent）三大互联网公司首字母的缩写。——编者注

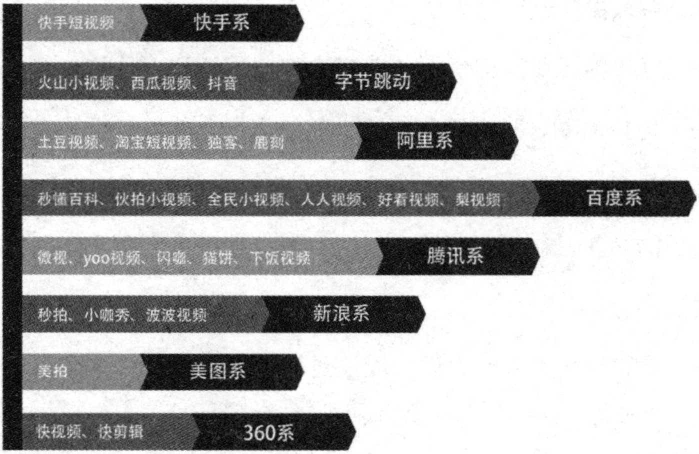

图1-1　短视频行业格局

然而，抖音显然再次领先群雄——2017年8月，Tik Tok（抖音海外版）上线。截至2018年6月底，Tik Tok 已经在150多个国家和地区上架。而在日本，Tik Tok的用户甚至达到了2000万户。

上述是国内短视频行业的现状一瞥。

这样的现状投射出互联网产品的共性："天下武功，唯快不破。"在稳定的宏观经济形势下，互联网产品往往会以最快的速度迭代更替，那些被抛弃的产品甚至连葬礼都没有——互联网领域上个月才公布融资信息或者产品应用下载榜单，这个月就宣布解散的团队比比皆是。

短视频行业同样也面临着强力挤压的命运，外加外部的一些不可控因素，我们很难判断当前称霸行业的流量巨头在明天会发生什么。但无论结局在哪里，抖音的崛起、快手的浮沉、美拍的挣扎、微视的低迷……这些都将被记入中国互联网行业发展史册中。

要想预判未来，我们只能通过对历史的梳理，来寻得一丝半点的脉络。

作为网络视频分支的短视频

无论大家如何界定短视频的时长——是不长于10分钟，还是5分钟，还是1分钟，或是30秒——说到底，短视频是网络视频（在线视频）的一个分支。

多数文献在讨论短视频的起源时，都会以Viddy（始于2011年的短视频平台）和Vine（一款微软公司开发的基于地理位置的社交网络系统，类似于推特网）为起点，我认为这样的观点有点草率。实际上，短视频的内容模式很大程度上参照了内容更综合的网络视频。

毫不客气地说，近两年国内各大短视频平台兴起的不同内容形式和大红大紫的各类网红们，有很大一部分其实都是YouTube Channels(视频网站频道)的复刻，一些视频的有些内容甚至是很早以前内容的翻新。所以，论述短视频的发展时，直接跳过包括YouTube在内的网络视频的发展，显然是不科学的。

有意思的是，世界上第一支爆红网络的视频是有关咖啡壶的直播视频。

1991年，剑桥大学特洛伊计算机实验室的研究员为了方便看咖啡煮好了没有（需要上下楼梯），就在咖啡壶上安装了一台摄像机。这样，工作人员就可以随时在电脑上查看咖啡是否煮好了。

1993年，当浏览器可以支持画面显示时，这套系统作为windows的案例被传到了网络上。短时间内，数以百万计的来自世界各地的早期网民们蜂拥而至，并通过链接进入，只为一睹“咖啡煮好了没有”。

今天，很多人再回看这个视频时，会觉得匪夷所思，但它确实为网络摄像头的设计提供了直接灵感，也是驱动网络视频得以发展成今天这般繁荣景象的第一步。

20世纪90年代后期，在Flash（集动画创作与应用程序开发于一身的创作软件）弹窗视频来临之前，随着宽带的兴起和浏览器的不断优化，GIF[①]一度成为最为流行的动态图像格式。人们通过把循环的GIF和相同节奏的音乐放入同一个页面中来“制作视频”，并把链接分享给他人。

进入21世纪，Flash播放器的技术支持将网络视频带入了新时代，新闻网站开始分享视频片段，体育报道也开始在网上播出精彩瞬间。Flash不仅使很多浏览器更易于播放视频，还为漫画家们提供了动画制作工具。有了工具支持，众多动画师的梦想得以实现，也因此出现了大量的动画类视频。例如，eBaum's World（Literally Media旗下的一家娱乐网站）和Albino BlackSheep[②]在很长一段时间内都是最受欢迎的Flash动画视频分享和观看平台。

而真正为网络视频全面升温提供温床的是DV(数码摄像机)、非线编（非线性编辑）和ADSL[③]的普及。数字技术的发

① GIF格式的名称是Graphics Interchange Format的缩写。GIF是一种位图，GIF通常会自带一个调色板，里面存放需要用到的各种颜色，我们可以根据GIF带调色板的特性来优化调色板，减少图像使用的颜色数（有些图像用不到的颜色可以舍去），而不影响图片的质量。——编者注

② Albino BlackSheep是加拿大安大略省多伦多市的动画网站，该网站发布由用户提交的数字资讯。——编者注

③ ADSL（Asymmetric Digital Subscriber Line），非对称数字用户线路是数字用户线路服务中最流行的一种。ADSL的国际标准于1999年获得批准，称为G.dmt。它允许高达8Mbps的下行速度和1Mbps的上行速度。——编者注

展推进了摄像机商品化的进程，在便携式DV进入民用市场之前，摄像机都是动不动就重达数公斤，需要脚架或肩扛才能稳定拍摄的大块头，且多用于科研实验室和电视台等专业机构。

在非线编技术未开发出来之前，剪辑视频是流程非常复杂的一项工作，非专业人士不可为之——剪辑师需要根据拍摄记录，从磁带中回放数据来进行编辑，需要动用放像机、录影机、特效发生器和字幕机等多种外接设备。

相比之下，非线性编辑则大大简化了流程——只需将素材导入非线编软件中就可以完成各式各样的编辑创作。

我们今天所接触的Adobe Premiere Pro、Sony Vegas、Final Cut Pro、Edius[①]等都是使用非线编软件完成视频编辑的。如今，我们用4G网络和光纤网络加载一部1G大小的视频通常只需要几分钟时间。你可能很难想象，在ADSL全面商业化之前，在依靠电话线和“猫”（modem，调制解调器）的年代里，下载速度通常只能维持在7kb/s，而且经常断线，一天时间也下不了几首歌。

而ADSL技术的出现，直接将网速提到了每秒512K以上，也为2005年前后网络视频和网络游戏的兴起奠定了坚实的技术

① 专为广播和后期制作环境而设计的非线性编辑软件。——编者注

基础。

在这里，我们可以以玩笑的形式下这样一个结论：如果没有技术的进步，也就没网红们什么事儿了。

随着技术的不断发展，我们迎来了伟大的历史性的时刻：YouTube横空出世。有了上述硬件和软件基础，UGC（User Generated Content，即用户原创内容）得以瞬间爆发。上线不到一年的时间里，YouTube每天可以在线提供1亿个视频，几乎占据了互联网流量的60%。

2006年11月，YouTube被谷歌巨额收购的信息轰动了全球。仅在数月后，前途未卜的Facebook开始将视频作为可上传的类型，与YouTube展开竞争；国内的视频网站也纷纷效仿，比如56网、优酷、土豆等，门户网站搜狐、新浪和网易等也迅速进入该领域。

随即，Netflix[①]以流媒体模式的成功打乱了国内网络视频平台的阵脚，那些一开始以YouTube为目标的各大视频网站转而开始学习Netflix，几乎置UGC视频于不顾。

21世纪的头十年，在资本和野心的作用下，国内各大视频网站进入了并购和上市潮，无心再去钻研产品。而世界的另一

① 美国流媒体巨头、世界最大的收费视频网站网飞。——编者注

端，以UGC起家的YouTube却一路高歌，牢牢地把握住了互联网发展带来的各个机会，创下了一个又一个网络奇迹。

国外短视频发展简介

智能手机的进阶、Wifi和移动网络的升级让整个世界都加入到了移动互联网的浪潮中。网络视频自然也不甘示弱。

2011年，大洋彼岸开始出现“视频版的Instagram”——Viddy，尽管国内各大媒体在讨论短视频缘起时，更愿意将“短视频鼻祖”的称号冠以Vine而不是Viddy（前者生命周期更长、影响力更广），但论时间先后，Viddy网站却是最早的短视频平台。

有资料记载，Twitter（推特）在打算收购Vine网站之前其实是先考虑收购Viddy的，但被Viddy拒绝了。其结果就是，Vine的原始技术积累，再加上Facebook对其运算法则的进一步优化，使得Twitter如虎添翼，让已经积聚了5000万用户的Viddy飞速跌落神坛。

Vine在2012年6月由唐姆·霍夫曼和罗斯·优素普共同创立。2012年10月，它被Twitter收购。2013年1月24日，Vine登陆苹果IOS平台，几个月后，Vine便成为市场上最受欢迎的视频分享应用。

2013年4月9日，Vine在App Store成为当日下载次数最多的免费软件。英国广播公司(BBC)当时用“令人目瞪口呆的”来形容Vine，并表示不仅是广告机构，就连定格动画业也注意到了Vine的潜在价值。

Vine究竟是怎样一个神奇的短视频网站呢？任意用户登陆之后，就可以毫无门槛地看到一个个仅仅6秒钟就能看完的短视频栏目，内容时而搞怪，时而神秘，时而温馨，时而脑洞大开。怎么样，听起来是不是很像我们熟悉的抖音？

尽管它们二者之间有着非常大的差异——无论是从UI（用户界面）还是到产品的理念，但不得不说，Vine的风靡让日后的国内短视频巨头们从中得到了极大的启发。

然而，Vine还在襁褓中的时候（内测阶段）就被社交巨头Twitter收购了，凭借Twitter强大的平台优势，Vine迅速成为当时最火的短视频行业巨头之一。如果把Twitter比作国内的微博，那么Vine就和当年与微博高度绑定的小咖秀如出一辙。

当然，它们最终的结局也是令人惊叹地一致。

正当Vine如日中天时，2013年6月，Facebook旗下的

Instagram推出了自己的短视频服务。与此同时，YouTube和Snapchat（一款“阅后即焚”照片分享应用）也没有袖手旁观，纷纷入局。

当时，在美国年轻人群体中，至少有65%的人使用过Snapchat。接下来，Snapchat又推出了短视频业务，使用户不用切换软件就可以直接观看。于是，用户流量被高度黏合在Snapchat内，Vine的用户被极大地分流。

面对用户数量的极度下滑，Vine的运营平台似乎束手无策，没有采取任何有效措施积极自救，只是任其发展。最终，在Vine诞生四年后，Twitter关闭了它的业务部门，只保留了网站和数据，以供用户下载视频或者查找历史痕迹。

我们再来看一看Vine的劲敌——Snapchat到底是何方神圣。

关于Snapchat的火爆和神奇之处，腾讯创始人马化腾早就给出了自己的看法。他曾说过：“年轻人现在在互联网上喜欢的东西，我越来越看不懂了，这是我最大的担忧。包括现在美国一个非常火的发送照片的平台（Snapchat），但是我用起来觉得很没意思，我本来就干这行，但是我都觉得没意思，可12~18岁的女孩子非常喜欢玩，火爆程度无法形容。”

Snapchat的创始人伊万·斯皮格是一名“90后”，因坐拥仅次于Facebook 的Snapchat,他成为世界上已知的“最富有的90后”之一。

2016年，Snapchat的势头直逼Facebook，日活跃用户一度达到1.5亿。这个产品最大的特色是“阅后即焚”功能。即用户发布的内容，24小时后会自动消失。

2013年，Snapchat推出“Stories”（故事）功能，用户可以通过幻灯片形式播放一组图片，或者上传一个短视频片段——与其他内容相同，一经发布，仅有24小时的时效性。

“微博故事”这一产品便脱胎于此。

国人对于这一需求点的困惑已经被验证了。国内也一度出现过模仿Snapchat的产品，但最后都惨淡收场，“微博故事”也毫无意外地反响平平。关于这里的用户需求差异，我们将在后面的内容中具体展开，这里暂且不做赘述。

2016 年的 8 月，Instagram发布了与Snapchat类似的产品。在之后的 6 个月时间里，用户大规模地从Snapchat迁移到Instagram上。

作为已经拥有大量图片社交用户的Instagram，其推出视频功能可谓是理所应当、根正苗红。它支持的视频播放时间是不少于3秒，不超过15秒。而其最具特色的是它的滤镜功能，一经推出，便对Vine和Snapchat产生了极大的威胁。

如果一定要对这些国外短视频产品做一个特质性划分的话，Vine更适合有拍摄和剪辑功底的策划达人；Instagram更适合街拍达人和旅行达人；Facebook是一个大染缸，啥都往里装；而Snapchat则是一帮“新新人类怪咖”，发视频就是为了图好玩。

1.3 “战争”升级，洗牌阶段来临

让我们将视线转回国内，尽管2013年被公认为“短视频元年”，但快手（当时叫“GIF”）却是从2012年开始转型做短视频社区的，甚至比Vine正式发布的时间还要早。

特别是2014年正式更名后，在个性化推荐算法的驱动下，快手在各种质疑声中突飞猛进，截止到2017年11月，用户已经突破7亿规模。

最早入局的还有微视，以明星效应带动用户推广的策略使其在不到一年的时间内达到了4500万日活跃量，随后确认的8秒时间限定颇似Vine的“神奇6秒”。按理说，在腾讯强大的社交黏合作用驱动下，微视的想象力原本是不可限量的，但后续运营上的乏力却使它不得不在2017年4月选择关闭。

一度被微视的补贴政策吸引去的达人们纷纷表示：一开

始微视是有评级标准的，分为S、A、B级，分别有对应的补贴。但后来，它们的评级规则却一改再改，大部分的S级被评为了A级，大部分的A级被评为了B级。虽说视频博主可以申诉，但申诉成功率不到十分之一，缩水了大概四分之三的补贴。

这足以说明：从政策到执行，微视的运营都不尽如人意。

在2014年和2015年，国内短视频进入了社交成长期，秒拍、小咖秀、美拍等都是在这个时间节点内爆火的。它们一登场，就迅速抢占微视、快手等的市场份额。美拍通过强化运营尝试社交化成长，而秒拍和小咖秀则依靠微博走向社交化。

基于数据挖掘和算法推荐的字节跳动（今日头条），则成为近几年来国内互联网行业最有潜力的一匹黑马，它将自己图文产品的成功模式复制到了视频产品中。自2016年开始，基于今日头条同一套推荐系统的西瓜视频、火山小视频和抖音短视频得以极速发展，频频登上应用市场的榜单。

尤其是强势崛起的抖音，它令人瞠目的增长数据无时无刻不刺痛着BAT们的神经。这样的背景下，BAT们纷纷开始布局短视频。比如，百度的好看视频和伙拍小视频；阿里的土豆和电流；腾讯动作最大，除了强势复活微视外，还推出了下饭视频、YOO视频、速看视频、时光小视频，等等。

蛋糕就这么大，所有人都想争取最大份额。在这样的一番乱战之下，整个行业很快便进入了洗牌阶段。

1.4 时间黑洞：刷到停不下来的新生活方式

据报道，2019年6月份，视频网站用户每日平均在线时长已经超过了80分钟，其中B站（国内知名视频弹幕网站bilibili）用户的日均启动次数已经超过了5次，而短视频APP的月活（月活跃量）也突破了4亿。

短视频网站吸引了中国网民很大一部分注意力，对公众号等图文类信息平台造成了极大的威胁。公众号的打开率已经从2014年的10%以上跌到3%甚至更低，更有大批公众号运营者停止了更新。

面对这样一个劲敌，图文类创作者必须有所创新——或者既然无法抵抗，索性便拥抱短视频。我下载了抖音APP，开始使用它的第一天，就不知不觉地“刷”到了深夜3点钟。在我看来，这着实是一款强运营的产品导致的神奇魔力。

一般的社交软件，需要我们经过很长一段时间去适应，然后依照自己的兴趣去关注喜欢的博主，才可以获取自己感兴趣的内容。

抖音等短视频网站的推荐机制，则是通过大数据快速采集有效信息，匹配“猜你喜欢”的策略推送信息流，即使新用户不关注任何博主，也大概率可以找到自己喜欢的内容。

针对这种情况，有专家痛批今日头条系的软件所创造的“信息茧房”会极大干扰个人获取有效信息的途径，造成智力退化和见识狭隘，不利于个人的成长。

然而，这样的警告声并没有阻止人们越来越青睐短视频APP的趋势，甚至，短视频平台已经开始引领人们的生活方式。

网红旅游城市：近几年，重庆、西安和厦门等地已经成了抖音上的网红城市，游客数暴涨，参观标志性景区的人也是络绎不绝。这三个城市有着极具特色的城市景观和文化氛围——摔碗酒、土耳其冰淇淋以及几十米高的“一楼”和洪崖洞，只需要简单地拍一下就可以获得很高的点赞量。越来越多的人在忙碌之余通过玩抖音来缓解疲乏焦虑，这一过程不仅实现了全新的自我表达，更是传递出了一座城市的文化气质。

抖音神曲的“洗脑循环”：打开各大音乐软件，排名前十的热门歌曲几乎都是抖音神曲。大街小巷、理发店、特卖店，甚至高铁上，都可以听到“口水歌”。以至于许多人一听到抖音神曲就会大呼“有毒”。这些歌曲大都简单直白，却极具流传性。

我们看到抖音使得越来越多的年轻人更加热爱生活了：聚会的时候，大家玩一玩简单的手指舞；回家看望老人时，拍一段小视频，展现家庭亲情等。

同时，短视频APP上还有许多可以改变我们生活方式的生活小技巧和神器，很多“网络边缘”人群也通过短视频网站找到了自己新的创收方式。例如不少农民也因为短视频网站的兴起，将农村的生活展示给更多的人，既打发了时间，增强了生活的乐趣，也因此卖出去了许多农副产品。

无法回避的是，我们也会发现短视频平台存在不少过度娱乐的内容，甚至还有传播不正确价值观以博取眼球的内容。而这些内容，是没有明确的法律和规则去约束的，很难通过系统识别和人工审核去加以控制。往往只有造成了恶劣的影响，平台才会加以整治。对于那些心智还不太成熟的未成年人而言十分有害，这也是网信办一直以来致力于去引导和查禁的问题。

作为内容行业的参与者，我们必须实时跟进最新的舆论动态，确保自己的内容是正向的、积极的。有前辈说过：“如果一条内容我不能让我的父母看到，不能让我的孩子看到，那我也不能让我的粉丝看到。”——只有恪守这样的良心和原则，才能保障视频内容的优质输出。

作为运营者，我们的愿望是延长用户观看时间和增强黏性，但是我们一定要恪守底线，确保自己的产品是积极健康的。

BECOMING HIT MAKERS

How to Catch up with the Short Video and Live Streaming Trends

人人经济学：
不可逆的短视频与直播浪潮

第二章　从 0 到 1 冷启动，主流平台大盘点

2.1 短视频平台——流量洼地新战场

截止到2018年6月，网络视频用户规模已经超过6亿户，市场规模已经超过960亿元，其中短视频应用的迅猛发展，带动了整个市场规模的增长。

保守估计，短视频的年均增速在90%以上，很快便会突破千亿级市场。这样的体量蕴藏着的是无限的商机，无数的传统媒体人开始转身拥抱短视频行业，竞争自此也就开始进入白热化和高质化阶段。

巨额商业价值

随着微博流量趋于固化和饱和，从零开始做起的大V越来越少，所有的头部大号对转发和运营一个新号会慎之又慎。也因此，微信公众号的打开率和转发率暴跌，今日头条用户对优质文章的阅读习惯和购买转化也未见成效，除了知乎、豆瓣平台有一些细分垂直领域的特定人群，现在能去开拓新战场的流量洼地只有短视频领域。

据星图（抖音官方推广任务接单平台）最新发布的“抖音达人”报价情况显示，广告时长在0~20秒间，报价10万元以上的达人数量有70人。

换言之，行业内的潜规则是一个抖音粉丝价值3分钱。千万不要小看这个价格，在抖音上，一个月吸引到10万~50万名粉丝是专业UP主的及格线。××达人在抖音平台一夜成名的新闻实在太多了，所以，许多在抖音衍生的MCN（Multi-Channel Network的英文缩写，是一种新的网红经济运作模式，能保证内容的持续输出，实现稳定变现）工作的BD（商务拓展），可以通过专业手段在一个月内扶持成一个符合标准的IP，然后在第二个月迅速“收割”广告费用。一单两万的广告抽成10%到20%不等，一个人带十个IP，一个月净收入五六万，是这个行业的标准水平——而且这还仅仅是衍生行业的基层从业人员。

可想而知，抖音达人的收益会有多丰厚（见图2-1）。

图2-1　MCN运作流程

多维度展示

Papi酱[①]的爆红，是因为她出色的表现力和对优秀文本的充沛表达，以及剪辑技巧和变声后的喜剧效果，这些让她迅速打破“次元壁”，获得了许多粉丝的喜爱。而如果仅仅是用图文形式展示她的创作，效果至少要打对折。

图书界也有许多经典案例，比如一本叫作《忒修斯之船》（更多被称为《S》）的“神书”，因为其独特的产品设计，在抖音上成了大火的爆款。

《S》里面套了一本名叫《忒修斯之船》的小说，这本书又被两个学生写满了批注，书里塞满了他们找来的各种研究材料，如剪报和照片，等等。

关于《S》的大名，在推理群体和小资群体中早已赫赫有名，依靠它的强互动和独特设计，抖音平台将其“下沉”到了三四线城市，以及年龄更小的用户群体中，实现了三千多万的播放量传播。

而在诸多“网红奶茶”品牌中，代表性品牌非“答案茶”莫属。根据公开资料显示，仅4个月时间，答案茶便凭借34条抖音小视频轻松俘获了35万粉丝及117万点赞量，最高单条观看量超过了40万

① 本名姜逸磊，1987年2月17日出生于上海，中国女演员，毕业于中央戏剧学院导演系。

次。据说吸引了超过200家加盟商，单店日营业额超过8 000元。

笔者认为，随着技术的发展，制作门槛和流量资费的大幅降低，传统的传播方式势必会被颠覆。短视频与直播必将会成为每一个以信息传播为生存手段的个体或团队都应具备的一项能力。

职业机会/需求

视频运营，这几乎已经是每家公司市场部的标配了，我们来看看招聘网站上的职业要求（见图2-2）。

高级营销经理

15k-25k / 上海 / 经验 3-5 年 / 本科及以上 / 全职

市场　营销

职位描述：

1. 深入研究公司旗下资源，分析产品优势和营销模式，挖掘特色资源和创新营销模式；
2. 执行并监督所负责项目的创意构思、图片、视频及文案，带领团队完成项目的制作、撰写与提案工作；
3. **负责短视频拍摄、后期剪辑、合成和输出，能独立完成视频后期及剪辑处理，完成制作全过程，保证成片质量；**

任职要求：

1. 熟悉互联网营销，具备 3 年及以上 4A 广告公司 / 互联网广告营销相关策划经验；
2. **熟悉掌握视频剪辑、特效、合成等专业技能，熟练精通试用以下剪辑软件任意一项：Premiere，Edius，Photoshop，3Dmax，Aftereffect，Vegas 等设计与剪辑软件；**
3. **熟悉短视频制作体系，掌握相关题材、文体和镜头表现手法的基本技能；**

图 2-2　招聘要求（图源：拉勾网）

新媒体运营经理 (MJ001128)

20k-30k / 上海 / 经验 1-3 年 / 本科及以上 / 全职

市场 营销

职位描述：

1. 负责公司的新媒体矩阵规划和运营，包括但不限于微信、微博；

2. 探索各类新媒体渠道的流量玩法，为业务获取有效用户和转化；

3. 对新媒体渠道的各项数据指标负责；

4. 结合业务和项目需求，撰写各类软文、营销文案；

5. 挖掘和分析用户使用习惯、情感及体验感受，及时掌握新闻热点，有效完成专题策划活动。

岗位要求：

1. 好奇心强，喜欢混迹微博、豆瓣、知乎、AB 站、抖音等；

2. 了解互联网语言和社交平台属性，及各个平台的流量玩法和推广特性；

3. 文案功底强，关注细节，追求完美，责任心强；

4. 喜欢阅读，关注在线教育，能保证持续的输入和输出；

5. 个人有做过公众号 OR 有社群运营经验者优先。

图2-3　招聘要求（图源：拉勾网）

熟悉视频剪辑、特效和合成，精通多种剪辑软件已成了高级营销经理的任职要求。

经常浏览使用A站、B站和抖音等媒介，也渐渐被纳入了应聘新媒体运营经理的加分可选项之一。在2014年之前，这样的情况几乎是不存在的（见图2-3）。

作为新一代的媒介之王，短视频与直播已经成为我们日常生活的重要组成部分，也是互联网行业不可小觑的流量洼地。

不论什么行业、什么岗位，都势必面对这一新型媒介形式的迅猛发展。谁能最先掌握核心技巧，学会运用和施展这一技术，谁就能够走在时代的前沿，享受到最大化的红利。

2.2 抖音，15秒之外的更多可能性

抖音打开眼界

在网络问答平台知乎上，有个名为“如何评价短视频软件抖音”的热门问题。对此，我写了这样一段回答：“这是一款从推出之日到现在，我下载3次，删除了3次，在我清晰地判断出短视频是风口的两年时间里，完美错过和看走眼的一款APP。我不得不承认，眼界限制了我的想象力。”

◇ 误解1：歌舞形式门槛高，同质化严重

2016年，当时在美拍和musical.ly（北美知名短视频社交软件）上流行的歌舞形式，大都是街舞团体表演。舞者们穿着华丽的衣服，以精准的卡点和酷炫的舞步获取大众的关注和点赞。然而，这对创作者的要求太高，只有经过大量训练且本身

就是歌舞专业选手，才具备可观赏性。

当红青春组合TFBOYS不也是通过翻唱范玮琪的《一个像夏天，一个像秋天》才爆火的吗？这太有偶然性了，而且他们走红后立刻脱离了平台。可以看到，一款To C（即面向普通用户）端视频软件势必将变成少数人才能“玩转”的秀场。

抖音现在流行的“对口型”和“手指舞”，以及简单的对列式踢踏舞，对场景、肢体和衣服的要求大大降低，普通人训练一两天就可以拍出很优秀的视频。

◇ 误解2：内容过于娱乐化，用户极易流失

“抖音是用来玩的，不是用来学东西的！”这是大多数用户对它的印象。然而，很多生活小妙招却通过抖音得到了传播，小到苹果IOS的一些设置技巧，大到拍摄技巧的分步骤教学，15秒的时间可以轻松让人习得一个立竿见影的生活技巧。

尽管百度经验、快手和火山小视频上也有很多这种视频，但抖音更具备音乐性和搞笑属性，在让人捧腹大笑的同时还能有所获益。

例如，教你如何将照片里的阴影变亮，教你怎么巧妙地打蝴蝶结，彩虹糖的神奇玩法，还有关于美食的分享……你看完一定会惊呼——还有这种操作？

◇ 误解3：视频语言的表达连大多数公众号“大V”都难以掌握，更别说全民参与了

我们会在抖音首页刷到大量仅凭一支视频就爆红的“素人”，没有任何滤镜和运镜，有时候仅仅是好笑的对话或感人的一幕，又或是将偶像的照片做成的PPT，都有可能爆红。

重庆因为有着“魔幻之都”的称号，我已经看到过成千上万条“本以为是1楼，镜头一转发现其实是18楼”的视频。因而重庆解放碑一带一度人满为患，挤满了拍抖音的人。

还有一条视频令我印象十分深刻：“一个开车的人在一条没有街灯的路上慢慢开车，给骑自行车的孩子照明，到了有光的路口，孩子下车向他深深鞠了一躬。”不论这是演戏还是真事，都十分感人，给人以满满的正能量。

◇ 误解4：创意和搞笑是一件高门槛的事情，春晚的小品都不一定好笑，草根的创作就更容易流于尴尬了

浏览过几百条抖音视频之后，我们很容易挖掘并找到自己喜欢的视频类型。同时，我们的表达欲也会被无限激发——这是一件非常棒的事。

之前在优酷工作的时候，我一星期审核了8000条短视频，身心饱受“荼毒”。我深深地意识到，产品基因及其内涵将直接决定市场表现。

一个产品有没有生命力最显著的标志是，该平台是否有同类型的新星。

总而言之，短视频是一个高度去中心化的分享媒介，它的红利一直都在。UP主们一旦走红，平台就会帮助他们快速商业化。

抖音成企业标配

“双微一抖”是2018年最有影响的公关梗之一，它成功地让抖音成为各个企业官方账号运营的标配。对于企业而言，抖音真的是一个领导们看不懂，又十分想要争夺的“兵家必争之地”。

但是，究竟要在抖音版块投入多少经费、多少人力，期望获得怎样的回报？大家都是一头雾水。因为决策成本过高，大公司在短视频平台的营销步伐反而远远落后于“个体户”们。

过去的半年中，我至少为十家企业的抖音号做过咨询服务，也通过代运营的模式成功帮客户造出三个粉丝量在15万左右、条均播放量100万左右的抖音号。在这个过程中，我也具体了解了一些企业及其执行团队千奇百怪的错误认知与困惑。

◇ 错误认知1：抖音上不就是一群小年轻唱唱跳跳嘛，让我们公司的“颜值担当”去跟拍一些视频就可以了

那些在2013年~2015年没有做好微信公众号的企业决策者，在2019年同样很难将抖音号做起来。根本原因是他们不了解新媒体和短视频，更别提为什么要做这件事情了。

抖音下沉速度之快超乎所有人的想象。从“专注新生代的音乐短视频社区”转型为“记录美好生活”还不到一年时间，抖音上的视频门类已经五花八门，比如知识、技巧、职场、搞笑和萌宠，等等，且不同垂直领域下都有大号诞生，远远超越了最初唱唱跳跳、对对口型的“小哥哥和小姐姐”时代了。

直到2018年10月，还是会有企业决策者认为“用高颜值的年轻人随便拍拍就能火”。其实换一个角度想，这也不难理解，因为机器是很懂用户喜好的，打开这些决策者的抖音号，不难发现，大多数视频的内容就是一些年轻人唱唱跳跳——要知道，大数据会直接为我们推送个人经常观看的视频类型。

掉队的企业还在想方设法上电视台，上报纸，或者绞尽脑汁写公关稿，而优秀的企业经营者看到抖音的兴起却会将其视为机会。

IP（人设）是包括抖音在内的众多短视频平台的核心，企业抖音号也应该顺应这一规律。只有保证账号定位清晰、视频内容优质、账号运营活跃和用户反馈及时，才能增强用户黏性，为长效运营打好基础。那些一拍脑门就开始胡乱尝试的企业账号多半不会长久存在下去。

与之相似，还有一些企业经营者认为，负责做“双微”图文媒体运营的员工可以顺带着就把抖音也做了。是的，企业之前运营微博和微信的经验可以拿来直接借鉴，但我们要知道，这样的经验绝对不应该是简单的迁移。

图文和视频的创作有着本质的区别，个人账号和企业账号的属性和定位也有着天壤之别，所以不是所有人都适合做企业的抖音号。

企业的正确做法应该是找合适的人或团队，依据抖音平台和用户的特性进行内容运营的深度规划。

◇ 错误认知2：我们这个行业压根儿不适合做抖音

聪明的企业经营者看到的永远是机会，迟滞的企业经营者看到的都是挑战。我承认并不是所有的企业都适合做抖音号，且绝大多数To C(面向用户）企业可预见的回报周期要比To B（面向企业、政府机构）的企业短很多，但这并不意味着策划者或执行者就可以拿行业来当挡箭牌。

一个做人力资源的朋友曾跟我抱怨说："不知道老板抽什么风，非要逼着我们做抖音，我们这样的公司怎么可能适合做抖音？"

我便推荐给他一条抖音视频——《HR乔先生》。视频中，博主将日和风与无厘头非常巧妙地运用到HR（人力资源管理）行业，而这不就是招聘行业的新媒体和短视频团队应该做的吗？

对脑洞够大、功力够深以及涉猎够广的人来说，就是给他一堆泥土，他也能化腐朽为神奇。反之，你就算给他一堆金子，他也会嫌金子太硬、太晃眼。

很多时候，不是企业和产品本身不适合在抖音上做宣传，而是决策者和执行人的认识不够深刻或无经验可借鉴，遇到这样的情况，企业应该考虑及时寻求外部专业团队的帮助。

◇ 错误认知 3：曝光不重要，销售转化才是“真枪实弹”

不客气地说，对流量的理解越浅薄，企业经营者的目光就会越短浅。获客和间接销售的KPI（关键绩效指标）越重，市场团队就会越着急。

首先，流量是转化的前提。用户都没有机会看到你的品牌和产品，谈何销售转化？

还有一些企业会故作专业地问：“销售转化率如何？”通常，我会让他们做一个简单的算数：如果只有100播放量，就算转化率为百分之百，也只能卖100件货而已。相较之下，如果有1000万的播放量，就算只有万分之一的转化，也能卖1000件货。

其次，内容质量直接决定流量大小。生产优质内容是账号运营的基础，去中心化的推荐机制，决定了企业号和个人账号一样——要想“C位”胜出，就得提高内容质量。

我们要知道，内容优质与呈现形式优质差别巨大，一板一眼的说教视频在抖音上往往会死得很惨。在娱乐和社交属性浓厚的氛围中，要想产出优质视频，就得让内容足够接地气，要学会揶揄、搞笑、讲故事，还要懂得引发观众的探讨和互动（见图2-4）。

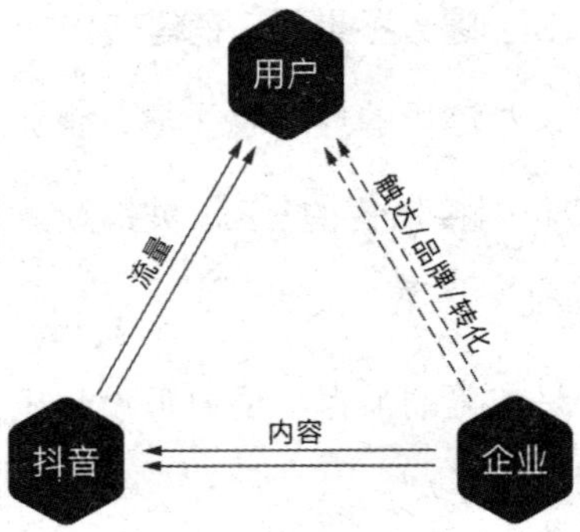

图2-4　抖音、用户与企业的关系

抖音上的品牌传播和销售转化不能一概而论，产品先要有真正的好内容，才能有效地吸引用户，才能去谈运营、曝光、互动以及涨粉，才能进一步想办法做销售转化。

◇ 错误认知4：直接投放广告就可以了，没有必要花钱自建账号

常见的一次性投放广告有两种：官方售卖的广告位（含开屏广告和信息流广告）以及与KOL（网红）合作。

首先，抖音的开屏广告并不比各大平台App的开屏广告便宜。

其次，网红不是想合作就可以合作的。我们所熟知的绝大多数“头部网红”都是挑合作品牌的，并不是任何产品他们都接，且头部网红号的广告植入价格不菲，动辄就是数十万，没有一定实力的企业是无法负担的。

更重要的是，一次性投放的短视频营销过后，往往只会留下一些还算不错的曝光数据，无法进行多次运营，更难带来优化品牌或销售转化等其他附加值。

只有通过自有账号（甚至账号矩阵）的持续的、优质的内容输出，才能让品牌真正沉淀下来。

如此，才能积累流量，提高转化率，让用户成为真正的粉丝和潜在的购买者。

此外，抖音官方也在不断鼓励企业建设蓝V账号，并不断推出POI（信息点）、购物车、挑战赛、快闪店、小程序等功能。企业如果没有自有账号（体系），都将与这些越来越丰富的营销工具无缘。

还有一种病急乱投医的常见操作——直接买号。

业内盛传，某集团公司花费数百万元买断了数十个粉丝量级在几万到几十万的抖音账号。我无法想象这种“战略决策”到底是如何通过公司会议的。如果是想通过这些账号来统一发布自己的广告，那数据会有多惨淡，是完全可以想象得到的。

◇ 错误认知5：LOGO要大，任何跟品牌和产品有关的视频都应该发

许多甲方在运营抖音号时会有“在现有垂直内容中胡乱插入品牌活动、营销活动和老板演讲”等常见的“蛮横”需求。

举一个例子：Freddie（温智凡）的团队在为企业代运营的过程中，花了很长时间为客户量身定制了某个门类的垂直内容，并通过多次沟通让客户理解了垂直性、人设以及稳定更新周期对账号前期建设的重要性。

原本，确认决策人理解了之后，Freddie的团队正式启动了制作和运营。没想到，流量“爆”起来后（一条48小时内自然播放量超过1000万次），双方之前的沟通就瞬间失效了——没多久，客户方就开始疯狂地给运营者打电话，要求必须植入他们最新推出的产品或活动相关广告。

在企业抖音号建设这件事情上，一定要将以往在其他领域积累的营销经验清零。过去简单粗暴的硬广告植入的经验，会在根据粉丝反馈及时调整推荐权重的算法时代全面失效。只有沉住气，持续按质按量地更新优质内容来抢占尽可能多的流量，才能在营销红利期真正来临时获得最大的效益。

抖音发展到现在，已经度过了初创时的蛮荒时代，开始了

精耕细作的田园时代。过去，几张粗制滥造的图片做成的PPT式的视频就能爆火的时代已经一去不复返了。只有时时监测社区风向，紧贴当下的运营政策，不断提高视频制作的手法、创意、审美以及趣味，才能保证自己始终走在时代的前面，获得商业利益的最大化。

2.3 颠覆印象，快手的快与慢

快手的爆红

一篇名为“残酷底层物语，一个视频软件的中国农村”的网络文章刷爆朋友圈的时候，还沉浸在高端互联网社区氛围中的白领精英们，被一款叫作快手的APP颠覆了世界观——一个此前少见甚至未见的世界就那么直接地呈现在了他们眼前。

快手这款软件看似不声不响，很少做宣传，也从未进入过主流人群的朋友圈中，就那么悄无声息地爬上了苹果App store排行榜第一名的位置。许多活跃在资讯前沿的互联网从业者蜂拥而至，纷纷学习研究，但很快就偃旗息鼓了，直呼“看不懂”。

快手真的有那么难懂吗？

我们来看一下快手的产品形态，其实很简单，就是照片+

短视频+直播。

早在2011年3月份的时候，快手诞生，当时它主要是做动图的软件，直到2013年才开始转型为主做短视频。到了2014年11月，GIF更名为快手。

2015年1月，快手用户突破1000万户。2016年4月，总用户数突破3亿户。

这样的速度有多快？我们来做一个数据对比：2017年9月，知乎平台的用户数才刚刚突破1亿户，比快手整整晚了一年半。而此时，快手的日活用户都突破1亿户了，注册用户也已经超过7亿。

农村包围城市的故事，在快手身上再一次上演，这是业界所有人一致的感慨。

在2017年，快手成了横扫所有其他短视频平台的神奇存在——彼时抖音和西瓜视频都不是他的对手。

2017年底，我在上海街头看到了快手的巨幅广告——“生活，没什么高低”，一直低调的快手终于吹响了冲锋的号角。

然而，如今，快手昔日的名声早已被今日头条盖过，快手一度更是因为内容屡遭约谈，只好重新缩回自己的小天地里，默默地进行更新蜕变。

究竟谁在用快手

快手的官方介绍里写着，一线到六线城市都有其用户，产品并不是为某个特殊人群设计的，完全是依据对视频的理解而做的，并根据个人喜好给用户推荐相关内容。

但这一说法并没有得到大家的认可，从客观舆论评价来说，快手用户确实是以农村用户为主，内容也大都是和农村生活相关的。

随手打开快手首页，见的最多的就是各种猎奇的农村生活视频：自虐喝酒、吃各种奇怪的食物、喊麦和简易歌舞，等等。在这种情况下，一向很少干预内容的快手CEO宿华都不得不出面回应：不推卸责任，将改进算法。

被约谈整改后的快手，在新用户首次登录的情况下推荐给他们的首批内容，代表着他们认为最适宜软件内大多数用户喜好的内容。从这里我们就可以看出，即便经过内容呈现方式的改造，快手的主题还是比较贴近城镇化用户的兴趣和审美。

2016年之前，整个快手团队几乎没有整体运营。在宿华看来，快手并不需要刻意去发展下沉用户，它其实真实地反映了中国的人口结构。

当然，在被点名批评以及约谈之后，宿华还是改正了自己原来的产品思路。他感慨道：“十分感谢电视台等媒体对快手的批评，让我清醒地认识到自己的不足。社区运营所用到的算法也是有其价值观的，因为算法的背后是人，算法的价值观就是人的价值观，算法的缺陷就是人的价值观缺陷。”

快手的商业化表现不俗

2018年10月，快手正式推出自己的营销平台，并大规模开放信息流广告和社交生态。在此之前，快手一直在小规模地进行商业化内测，并最终确定了走原生广告为主的商业化模式。

用大白话来解释就是，广告内容本身就是可以被快手用户观看和消费的信息，并且直接导向商家，快手创作者从中赚取分成。

这种模式在罗伯特·麦基的《故事经济学》中有完整的表述和探讨，在这里我们不做具体展开。

而这一模式，在快手这样一个用户黏性极强，社区文化显著的软件内，转化率惊人。

一位从事快手MCN工作的人说：“如果在快手上投放农产品，或者非常廉价的滞销品搞大促销，效果非常好，一次性去库存几千件没问题。但是利润空间非常有限，一个定价88元的东西，你得在上面卖10元，其中还要给主播5块钱抽成，如此投放才能成功。”

听起来，是不是像极了拼多多？这又是一个典型的“五环外人群”的爆款产品。不得不说，淘宝上很大一部分产品，完全可以承受这样的广告模式。而快手用户的特性由于好捕捉，简单易懂，且容易引导，往往比高精尖的小资用户为主的APP转化率高很多。

对于这种区别，可做参考的案例和样本还不够多，只能通过时间去验证。快手如今也是刚开始测试而已，加上整个经济环境的变化与复杂化，最终结果如何还很难说。

对于产品构成主要是日常消费品和农产品，采取薄利多销策略模式的商家，多研究和尝试快手，从联系对口主播做一两次合作尝试开始，摸索出一条新的销路，才是当下最重要的事情。

在互联网化程度越来越深的中国，流量为王、头部大V为王的趋势，势必会持续很久。

◇ 升级磁力引擎营销平台，强化“老铁经济”

2019年10月24日，在北京举行的快手2019Fe+新商业峰会上，快手正式宣布将营销平台升级为“磁力引擎”。

据快手官方介绍，磁力引擎以人、内容、流量、创意为核心，借助AI驱动，全面打通公域和私域流量。这可以算是快手商业化进程中一次重要的战略升级，也意味着快手要继续释放“粉丝经济”，加速商业化进程。

快手的核心竞争力是天量用户。这是“粉丝经济”的根本支撑，在流量越来越贵的今天，这是一个待发掘的巨大宝藏。

同时，快手在新市场上的影响力也在不断扩大，这对于品牌营销的意义不言而喻。

另外，很重要的一点是，快手实际上是一个基于兴趣聚集起来的社区，大家通过分享彼此的生活建立联系，因此用户间的信任感很强，而信任是商业的基础。

经常使用快手软件的人可以清晰地感觉到，快手平台内部的氛围是非常好的，有了信任的基础，商业化才会有更良性的发展。从这个角度看，快手可以说是一个社交商业新形态。

人+内容+创意+流量——可以看作这个社交商业的四个关键引擎。

人是核心和根本，也是快手的核心价值所在，他们构成了社交商业最牢固的基石；丰富、多元化的内容是快手的宝藏与金矿，也是商业内容传递的最佳载体；巨大的公域流量的挖掘和高价值私域流量的沉淀，将为品牌带来丰厚的价值回报，磁力引擎的发布，则进一步打通了公私域流量的转化；优秀的创意机构与创作者、AI智能创意的工具与平台，则进一步优化了商业价值的表达。

快手磁力引擎的发布，被视为打造“短视频社交商业的第一入口”，这也意味着更大的红利释放。只有牢牢抓住“粉丝经济”的风口品牌以及创作者、商家、创意机构，才能在这个行业中挖到金矿。

2.4 B站，不止于二次元

B站生态概述

B站是哔哩哔哩弹幕网的简称。其实，国内最早做弹幕视频和二次元文化的是A站（AcFUN弹幕网的简称）。后来，A站的一名资深用户创立了B站，并在美股纳斯达克上市了。而与之相对的是A站因为管理混乱，运营能力跟不上，发生了多次程序员“删库跑路”事件，使得人气一散再散，促使B站坐稳了“二次元聚集地”的头把交椅。

与国内其他视频巨头网站优酷、爱奇艺和腾讯不同的是，后三者的营收主要靠会员费和广告收入，而B站主要以游戏收入为主。

另一方面，B站还自己研发手游。根据2018年B站上市后披露的首份招股书显示，B站的营收来自游戏、直播、广告和其他业务四个板块，其中第一季度移动游戏业务营收为1.098亿美元，同比增长97%，占到总营收的79%，是B站最主要的营收来源。

更令人难以置信的是，就是这样一个看起来相对小众的网站，竟然在2016年就有超过1亿的活跃用户。这些用户和游戏用户高度匹配，所以单凭借代理游戏的收入，就足以支撑B站上市。

然而，游戏版号的限定以及游戏市场的不稳定性使得B站不得不正视自己营收不平衡的潜在风险，所以在2018年上市后，B站的运营者开始主动调整业务结构。

从2019年第二季度的财报可以看出，游戏营收的比重已下降到60%，非游戏业务（如直播、增值业务、广告和电商等）高速增长。其中，广告业务收入为1.7亿元，同比增长75%。

与之相对应的，是其“内容圈层”的持续深化和扩大。一方面，B站是国内少见的“圈层文化”极强的网站，用户每日平均留存时间都在1小时以上。另一方面，区别于营收结构中游戏的独占鳌头，从各区短视频的播放量及其占比可以看出：在内容上，B站各版块并没有出现某一板块一枝独秀的局面。除了备受欢迎的生活区和游戏区视频之外，娱乐、影视、科技、音乐等区的短视频播放量也都表现强劲。

所以，B站早已不是单纯的AGC视频网站了。相反，它是个拥有超过7000个“兴趣圈层”，涵盖众多垂直领域内容的多元文化社区。

为什么B站用户的黏性和忠诚度这么高？这是非B站用户一直无法理解的事情，而在我看来，注册B站必经的考题测试是一个绝佳的过滤器——就像驾校的理论基础考试一样，不只有仪式感，还能规避一些特殊用户。

从筛选观众，到维护B站创作者（后称为UP主），B站将社区文化发挥到了极致。其CEO陈睿说：“B站的模式是由内容创作者自己去创作，没有人比他们更了解用户的喜好。而B站的社区关系又能将内容创作者和用户紧密结合在一起，这是一个自生长的模型。”

那么问题来了，B站自己也代理游戏，内容又是不准备赚用户钱的，UP主们靠什么来赚钱？

B站的创作者“为爱发电”能持续多久

早期的B站UP主们完全是凭借兴趣和创意进行内容创造的，并以获得点击和关注为正反馈，激励自己再次创作。但是，随着用户不断增多，内容创作者显然是需要经济回报的。特别是对于越来越多的全职UP主来说，持续而稳定的经济收入是他们在B站上立足的根本。

那么，在B站实现视频内容变现，有哪些方式呢？

◇ 创作者激励

2018年初，B站发布了“创作者激励计划”。加入该计划后，当投递的单个原创自制稿件达到1000播放量时，即可开始获得激励收益，并在次月通过“备课系统”结算。具体收益由稿件本身的内容价值，包括内容流行度、用户喜好度和内容垂直度等多维度指数综合计算得出。

如果你拥有1000名粉丝，或10万次的累计播放量（以创作中心数据为准），就可以加入B站的这个激励计划。

当然，这是一个积极的态度——社区运营者开始重视内容创作者的商业回报。然而，对于任何一个了解行情的人来说，都知道如此杯水车薪的激励，完全无法回馈“头部”创作者的付出和市场价值。

例如，生活区头部UP主敬汉卿，在拥有180万粉丝且保持持续更新和活跃度的状态下，月收入也就4~5万元，从包括

“影视飓风”“KatAndSid”在内的UP主晒出的分成账单可以得知，如果中部UP主仅靠激励计划盈利，其生存将极其困难。

◇ 直播打赏、充电计划和悬赏计划

除了创作者激励计划外，B站还有两大方便UP主变现的工具，分别为“充电计划”和“悬赏计划”。

其中，“充电计划”可以理解为微信公众号中的“赞赏”功能，B站官方从中抽成30%，其余都归UP主。但问题是，对于绝大多数的中部及以下账号而言，“充电计划”带来的全年收益都无法过万。

之所以把直播打赏也放在该类目，是因为从获益路径上来说，直播打赏与充电计划并没有什么区别，只是直播的收入需要和平台五五分成。目前看，直播是特定领域（如美妆和游戏等）中部及头部UP主的长期变现工具。

原创UP主累积到1000粉丝后，便可以申请B站的另一个官方商业计划——“悬赏计划”。这是通过在视频播放器内外配置广告或商品的方式来获取收益的变现工具。

UP主在悬赏计划中可以自主选择广告或商品关联在视频中，配置的内容上会标有“UP主推荐”字样。计费方式按照千次曝光（普遍在5~7元/千次曝光）结算，B站会抽成50%。但关键问题是参与的广告方较少（普遍为语言、绘画等技能类培训广告），未来能否通过丰富广告方类目使得UP主们获得可观收入，还有待观察。

◇ 电商变现

尽管最新财报显示，B站通过“会员购”等渠道实现的电商营收可圈可点，但B站自己研发的店铺功能仍在内测阶段，可以获取店铺功能的UP主屈指可数，更别提通过站内电商获取收益了。

2018年12月20日，淘宝宣布与B站达成战略合作，这为不少有店铺运营能力的UP主拓宽了变现空间。包括“野食小哥”“李子柒”等在内的UP主都会在动态中直接或间接地将粉丝引流到自己的淘宝或天猫店铺，不少美妆和游戏类UP主也因此获得了不错的收益。

但问题是，运营一个自有店铺的难度远比想象中困难，从注册账号、准备资质、产品规划、供应商选择、图文设计到发货物流等环节，都是耗时耗力的事情。所以，要想在电商平台上分得一杯羹，势必需要做好规划，甚至要花费巨大的成本拓展团队，否则很容易在内容生产与电商运营上失衡，且引流需把握分寸，否则有可能会得不偿失。

◇ 广告植入

过去一年，各大平台纷纷开通广告对接平台，B站也向前走了一步。目前，B站开放了商业推广视频，UP主上传视频时只需勾选“含商业推广信息”，并按品类、品牌和推广形式进行报备后就可以发布“恰饭视频”[①]，而无须与平台方抽成。

但出乎我意料的是，市面上很少看到B站UP主的刊例价，即使有很少几份，也大都是通过中介公司投放的。

综合各方面信息，对于B站这样一个极其注重内容本身和用户默契度的平台，“软植入”的投放方必须非常懂内容和用户，自己也必须是资深用户，才能找到最对口的UP主，绝不能以“广撒网、卖流量”的方式进行广告投放。

基于对自身的了解和策划，广告方一般会直接找到UP主洽谈策划，UP主自己作为内容生产方，也具备策划和生产能力，所以中介在B站生态里能发挥的作用实在有限。

① “要恰饭的嘛”是西南地区方言，意即“要吃饭的嘛”，借用指某些大的UP主在上传视频的同时也会接一些广告，因为关注的人多看见广告的人就越多。

Bilibili知名UP主实录

本书的另一位作者温智凡运营的账号EyeOpener在B站上取得了可喜的成绩，于是我邀请他在本书中为我们分享B站运营的经验。

以下是以温智凡的视角所做的分享，大家可以点开EyeOpener的B站账号，在了解数据的情况下阅读这篇分享文章：

大家在微博和头条上经常会看到百万粉丝大号发布的内容数天之后的转、评、赞（转发、评论和点赞）数量仍然只有可怜的个位数。很多人会想当然地下结论说："这么多粉丝都是'刷'出来的吧！"

其实，这在以机器算法为核心的平台是再正常不过的现象了。尽管IP建设比较好的账号内容初期权限会相对较高，但在去中心化的机制中，内容的优质程度是直接决定内容本身能否获得大量数据的重要前提。也就是说，粉丝基数再小的账号都有爆火的可能。相应的，粉丝再多的账号，如操作不当，也有爆冷的时候。

但这在B站是不存在的。从B站的审核周期和反馈就可以推断出，B站的人工干预是很强的，且由于粉丝黏性强，所以和"闭环"状态下的微信公众号一样，投稿通过的视频是有一定比例的基础流量保证的。

EyeOpener的“大本营头条号”有时候难免会因为选题偏差或标题、封面失误导致只有数千的播放量，但B站运营一年半（我目前的粉丝量已达到46万+）以后，新投稿的视频播放量就不再低于10万了。甚至，我发一个日常动态视频，点赞量都能轻松获得1500+，这让很多多年来深耕于微博和头条平台的UP主们艳羡不已。

◇ 在B站上冷启动三要素

要想在B站上成功获得“冷启动”，运气、坚持和内容质量缺一不可。除非内容足够优秀到观者人人“三连”[①]，否则，任何一个UP主都要经历一段时间的冷启动期，待算法（机器推荐）或编辑（人工推首页等）为自己找到潜在粉丝。

毫不夸张地说，在B站上成功冷启动的难度丝毫不亚于微信公众号。有了这个心理预期，在运营EyeOpener的时候，我一开始真的是“不问前程”地更新，即便连续三十多天都只有两位数的播放量，但我仍然在坚持，直到我的第32条视频为我积攒到了第一波“铁粉”（即忠诚度高的核心粉丝）。

---

① B站用户习惯用语，即点赞、投币、收藏。——编者注

坚持和运气不是核心，一个账号的内核一定是和内容质量息息相关的。我见过两年间发了数百条视频仍只有数百粉丝和个位数播放量的UP主，他们的精神确实可贵，但如果是我，一定会着重思考视频的内容质量问题。

在初期，我之所以可以在低位阶段坚持的两个重要前提是：

第一，即使到2019年12月份的今天，我仍然觉得EyeOpener的内容质量（无论是画面还是文稿）在国内的泛科普领域都能过及格线，在趣味性和实用性上也还不错；

第二，此前的内容在今日头条、腾讯和优酷等平台已经得到了比较充分的验证。所以我相信，只要我按规律和自己的标准更新和运营，等到认可视频的人（包括审核编辑和粉丝）只是时间问题。

入行短视频创作后，我的这种基于“相对准确的自我认知”的坚持也是屡试不爽。实际上，EyeOpener先后在百家号、爱奇艺和网易云音乐等平台上成功冷启动都是如此坚持出来的。

◇“做号”思想不可有

在其他平台，我们经常能听到“我做了一个X百万粉丝的大号”一类的说法，但在与B站相关的场合，无论大小UP主，他们通常都会这样介绍自己：“我是B站××领域UP主，我现在有××粉丝。”

以上两种描述在外行看来其实是一个意思，但在内行看来却有着本质区别。前者注重“做号”，而后者则强调“创作”。“做号”思维在B站上是不可以有也不被允许的，因为B站全站粉丝都极端排斥营销号（专为获取平台分润或其他广告收入而做的账号，常常为了博取流量而在标题、封面和内容中没有下限）。

B站绝非是一个简单的分发渠道。我在某平台的创作者大会上和几个在其他平台都有数十万粉丝的创作者们聊过，他们都抱怨B站的机制有问题，发了大半个月的视频都没人看。但其实是——他们压根没有意识到更大的问题就在他们自己身上。

他们日常做的只是：打开B站，上传视频，看看有没有涨粉，然后关掉。既然B站对你来说只是分发视频的渠道之一，但你对观众不关心、不了解，也不与他们交流，那又凭什么要求观众忠实地追随你呢？

可以通过弹幕、评论和私信等所有能接触到粉丝的工具来了解粉丝的喜好和追求——因为你必须了解观众为什么喜欢你，或者为什么不喜欢你。在他们挑刺的时候据理力争地“怼”回去，在他们疑惑时有理有据地解释，在自己犯错时勇敢承认错误（比如打错字幕）——只有通过这些有效的互动，才能让你的“B站人设”越发清晰，越发有血有肉，粉丝黏性也会越来越强。

◇ B站的价值大于想象

运营B站一年多以来，我对粉丝有了深刻的认识。B站的粉丝相对更理性、更严谨、更认真、更活跃，也更调皮。同样一条视频，我在其他去中心化的平台上配的标题是“5个生活小技巧，说不定什么时候就能用到”，而在B站上，我只需要配前面7个字就够了。

一位矿学相关专业的粉丝指出了我的一个视频“7种有毒的宝石”的三处学术性错误，我知道后立即道歉并下架，并向他约稿切磋。

创作的过程也是创作者学习和成长的过程。老实说，EyeOpener每月在B站的分成收益（创作者激励）还不及总收入的1/20，但我仍旧乐此不疲地花费大量时间和粉丝互动。因为我发的很多选题和灵感都是由B站的粉丝提供的——这是B站视频运营反哺给创作者的最大的价值。

毫不夸张地说，这里是一个创作灵感的宝藏。

2.5 集合团战：巨头布局“矩阵+生态流量”

当专业的创造者为流量厮杀得不亦乐乎的时候，巨头们纷纷坐不住了，一手投资收购，一手自己孵化和扶持，使这场游戏的难度顿时增加。

光是“头条系”，就有抖音、西瓜视频和火山小视频分头打拼，它还进一步收购了musical.ly，一并拿下了海外市场，野心不小；腾讯旗下的微视，先是用高额补贴抢夺红人，后来又用高价节目赞助捆绑流量明星；“阿里系”在收购了优酷土豆之后，后继乏力，倒是自家的淘宝直播做得风生水起，让用户真正实现了“边看边买”；而“百度系”的“好看”视频，虽然增长数据比较喜人，但是它现阶段的竞争力还是无法同“头条系”相提并论的。

相比较而言，“头条系”最大的对手除了自己，就是腾讯。腾讯自带的社交属性确保了熟人关系的黏性，虽然目前暂时落后，但仍有后来居上的潜力。

但是，相对知乎、豆瓣、微博、小红书、大众点评和美图秀秀等网站，短视频平台更像是防御性战略。

整个2018年，知乎都在试图和短视频较劲，在知乎APP内，视频单独拥有一个专栏，和关注线以及推荐线、热榜并驾齐驱，运营者的决心可见一斑。之前知乎在线下开放日特地和内容创造者们近距离交流，推广他们自主研发的视频创作模版，意图帮助知乎头部用户更快地上手视频创作，只可惜收效甚微。

后来，知乎悄悄地内测过专门以视频答题为噱头的APP，却迟迟没有上线；再到后来，知乎大范围内测的产品——即影也宣告解散，首页的视频流也悄无声息地撤下了。

同样内置视频工具的还有大众点评、Keep、小红书和绿洲，如果用户在这种平台发布视频内容，会获得更高的推荐权重和更高的经验增长值，平台也以此来鼓励用户创作视频内容。这类平台的视频要求仅仅是用摄像功能记录而已，并没有进行真正的内容创作。但是，这类平台的视频内容却是离商业最近的，同时也是最能直接影响消费决策的，实用价值很大。

为了更好地黏合创作者，巨头们纷纷开始与MCN机构进行深度合作。几乎可以这样说，2019年以后，还在孤军奋战的视频创作者，很难再有机会突出重围。因为在步入平稳发展期之后，平台运营者会将资源转向平台近期的扶持方向和专业的MCN机构。

而MCN机构，则负责寻访有潜力的创作者，签约并孵化他们，快速造星，快速变现。他们非常现实，一旦发现创作者不容易扶持，就会立刻解约，卖掉账号。疯狂如此，才有了各大短视频网站的海量内容，国内但凡有视频生产能力的人，几乎都被各大MCN机构收入囊中，剩下的新手，则需要依靠非常难得的创作能力“曲线救国”。

当内容生态进入瓶颈期之后，拼的就是各家巨头的运营能力和创新能力了。**如何刺激用户创造出更新、更有趣的内容去弥补用户日益消失的新鲜感，这是一道摆在所有人面前的考题。**

BECOMING

HIT MAKERS

How to Catch up with the Short Video and Live Streaming Trends

人人经济学：
不可逆的短视频与直播浪潮

第三章　新玩法：洞悉流行背后的趋势

3.1 “网生一代”引领潮流，视频领域竞争加剧

从2015年开始，短视频平台无论在内容产业领域还是投资领域都备受关注。优质的短视频内容因其便捷的传播方式，以及符合打发碎片化时间的特性，在一片赞赏声中得到了极大的发展。2017年2月21日，企鹅智库发布了《2017中国自媒体消费+创作+平台全视角趋势报告》,《报告》指出：短视频正在成为资本新宠，其中用户对1~3分钟的短视频接受程度最高。

随着市场上视频节目的不断涌现，观众的需求也开始呈现多元化发展。短视频的内容制作水平成了创作者面对的第一道挑战。精品化内容直接决定了品牌调性、资源匹配、粉丝留存以及广告赞助等。

智能手机的普及、移动服务的完善、5G网络和WIFI的进一步覆盖，加速了短视频在手机端的发展（如图3-1）。陌陌软件在地铁站里铺天盖地的广告，也正顺应了这一场多维度的风

潮。“主播柔光灯”和“绘声绘影”等设备成了短视频制作者的基本工具。

图3-1　手机端短视频加速发展

如何更巧妙地传达内容，挑战着新一代互联网原创者的创作激情。

这一代年轻人的消费观很有特点：强个性（我独一无二），怕孤立（渴望认同感），重共鸣（为自己消费）。本质上，他们消费的不是内容，而是参与感。在网络时代，“90后”网生一代创造并深度参与群体文化，包括视频及视频连接的内容、评论、吐槽、弹幕、分享、同人和衍生等新生代玩法，进而成为新的主流文化。

就视频新文化的内容特征而言，奇观效应、重复打击痛点和正向能量输出都是它的主要特征。如今，短视频已经步入了新的发展阶段：产生→蔓延→聚合→货币化（如图 3-2）。

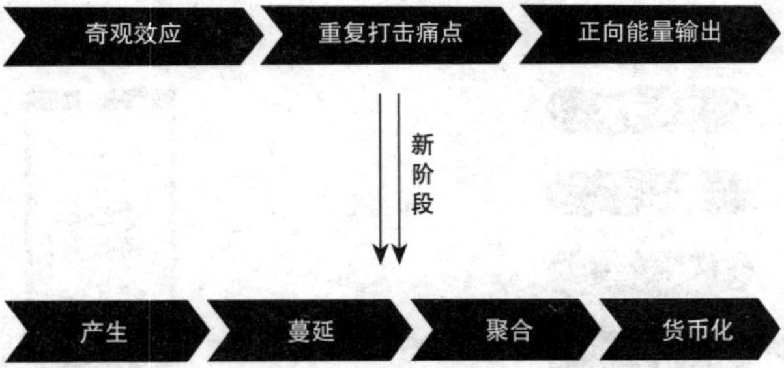

图 3-2　视频新文化爆款的内容特征

在这条完整的生产链上，目前所有的从业人员都在进行割据分地的拉锯战。在这个过程中，各家 PGC 除了在内容上狠下功夫，也开始积极寻求资本介入，以期从惨烈的竞争中杀出重围。

资本市场比较青睐“视频 +”的类型，因为内容天生具有高黏性。“视频 +”是以视频内容作为入口，通过持续运营，聚集粉丝，以视频为基点，延长变现链条。

随着智能手机售价的降低以及更低的流量资费，观看短视频所需的费用将越来越低。大众对短视频有着极其旺盛的精神需求，因此，在如今的时代背景下，视频 + 链接各行业几乎可以等同于名利双收。

例如："成真恋爱学"有3800万视频播放次数，主要依靠视频吸引粉丝购买恋爱教程；"Big笑工坊"有9.5亿播放量，订阅数超过109万户，视频收入为每月60万元。

视频还具有高成长性——它不仅是内容，也可以成为平台。游戏解说"LOL超级小智"的订阅量为130万元，自频道累积了5亿播放量。他同时还有自己的工厂，年销售额1.3亿元。

视频最大的优势就是对用户的时间占有，并具有高市场空间，泛娱乐产业已成为投资机构眼中的香饽饽，有着超强的吸金预期。

2015年，网络IP（Intellectual Property，是一种无形的财产权，也称智力成果权）概念空前爆发，以自频道为核心的网生内容逐渐超过传统内容。相关数据显示，在2015年，网络自制剧全年共上线近300部(约4 000千集)，超过全国卫视黄金档电视剧的新剧总量。

与此同时，以电影、动漫和游戏等为代表的不同娱乐形态，也逐渐以IP为纽带迅速在市场和资本两端走红。

例如，以讲解电影为主旨的"第十放映室"[①]，如今，已被打散下放到各种各样的电影解说类短视频节目中，如谷阿莫、刘

① CCTV-10播放的一档节目。——编者注

哔电影，等等；脱口秀式的节目也被papi酱等搞笑艺人以短视频的形式进行了全新的演绎和诠释。

新瓶装旧酒，是短视频领域最常见的方式。这意味着内容格局的重构，也意味着新的创作者的崛起。

微播易总裁徐志斌曾经说过：“社交网络正处于第二个浪潮向第三个浪潮过渡阶段，我们将其定义为短视频时代，大量的真金白银正砸向短视频领域。”资本的不断投入，使得短视频的竞争越来越激烈，制作成本与日俱增，对质量的要求也越来越高。

3.2 舶来品Vlog能否成为主流

从2018年下半年开始，Vlog（视频博客）开始频繁地出现在大众视野中，多个平台都开始主动扶持Vlog。一时间，微博发出了“Vlog正式召集令”，B站上线了“Vlog星计划”，抖音发起了“Vlog十亿流量扶持计划”……

其中，美食类、健身类、宠物类等内容属性的需求开始大幅度上涨，Vlog一时之间成为时代的弄潮儿，顺势而上的部分账号获得了非常可观的粉丝量增长，很多知名短视频创作者也相继加入了Vlog的创作热潮。

一方面，Vlog这种视频形式无论是创作规模、用户接受度还是商业模式，都在海外得到了验证；另一方面，对于抖音和快手等以15秒或60秒内容为主的短视频平台来说，随着内容同质化日趋严重以及用户需求的不断扩大，平台需要拓展新的表达形式来保证平台内容的持续多样性，并通过不断地刺激用户的感官从而保证用户的活跃度。

在这样的环境下，各大平台也顺势推出了Vlog扶持计划。

下面，我们就来了解一下Vlog到底是做什么的。

Vlog是什么

Vlog的全称是Video log，中文一般翻译为视频博客。作为舶来品，Vlog并不是最近才诞生的模式，而是一种相对成熟的表达方式。它并不是内容类型的短视频，而是一种形式类的短视频，因为没有时长限制，它甚至无法划归为短视频的某个分类。

Vlog不仅仅是简单的记录方式，更是一种表达方式。Vlog所记录的事实虽然很重要，但无论是记录日常吃饭、逛街，还是外出旅游，其核心始终是人，是创作者对自我的表达。

一条优秀的Vlog视频往往能够让观众感受到创作者本身强烈的表达欲望。

适合做Vlog的主体

Vlog强调整体真实，而短视频往往经过了精心策划，所以会做短视频的人不一定适合做Vlog——真实这一元素在Vlog中显得尤为重要。

为了表达需要而刻意演绎的内容无法符合Vlog本身的真实特性，我们在面对镜头时既要做到内容真实，也要做到表达真实。

无法在镜头面前自由表达自我，以及无法克服镜头恐惧的人也不适合Vlog。Vlog更多的画面是一个人对着镜头体验某种场景的过程，它最基础的要求是出镜者一定要表达真实的情感，且不惧镜头。

即兴展示能力越强的人越适合尝试Vlog，即兴作为一种真实的表达方式在Vlog内容领域极受欢迎。如果一个人能够保持持续的即兴创作，无论他的内容属于哪个领域，他都将赢在起跑线上。

从0到1的创新是最难的，在没有粉丝基础时，要想获得平台运营和算法的推荐，除了需要满足“在镜头前表达真实”的基础要求，还要依赖本人在垂直领域的特色程度——好的标签和标题更容易被运营人员与机器识别，所以，在垂直领域越专业的人越有希望冲出重围。

Vlog已经成为一种大众喜爱的视频形式，而且势必会成为热度很高的内容形式。对于优秀的创作者来说，接下来的两到三年是一个难能可贵的风口。

但从创作者数量的角度来看，Vlog很难实现内容规模化。因为受目前社会环境的影响，绝大多数国人都较为腼腆，在镜头前的表达欲极低，即便当下各个平台都在强推Vlog，但其“长尾用户”数据依旧惨淡。

与极易跟风模仿的短视频不一样，Vlog形式是很难被复制的。

3.3 C位出道，同质化内容的破局之路

2017年，各大短视频平台先后上线了原创功能，一方面是为了保护原创者的权益，另一方面也为了打击搬运、抄袭、模仿等同质化内容日趋严重的现状。从各平台发布的违禁名单中可以知晓，业内抄袭行为屡禁不止。

在这样的大背景下，短短不到两年的时间，短视频的世界就被颠覆了。当你在抖音上刷到一条带特效工具的视频时，试着点进去，就会发现一个包含所有使用了该特效的视频列表，这一列表里有少则数千条，多则上百万条视频，且这么多的内容除了人脸不一样外，动作、表情等大多如出一辙。要知道，这样的内容早前在其他平台势必会被判定为抄袭的同质视频。

有一句话叫“人类的本质就是复读机”，言外之意是模仿是人的天性，抖音的运营团队深刻地意识到了这一点。对比2017年和2019年的短视频创作环境，我们不得不感慨抖音“变废为

宝”的能力。老牌短视频平台想尽办法鼓励更多优质创作者加入，可是它们忽略了很重要的一点：并不是所有人都可以持续且稳定地产出优质、垂直、原创的内容。

抖音认识到了这个本质，因此不断上线各种特效工具、滤镜、热门音乐、拍同款、话题等创作和互动工具。个人认为，抖音能够一跃而起且长久地维持如此高的月活（即月活跃用户数量，用来衡量服务的用户黏性以及服务的衰退周期），这些技术性工具是不可替代的因素之一。正因为有了这些工具，用户可以轻松地转化到“创作者”的行列中。

既能看视频，又能轻松创作视频，创作的视频还有一定概率和网友形成互动，强参与感就自然而然地形成了。

在如此庞大的短视频创作队伍中，如何突破冷启动、如何制造爆款以及如何保持热度，成了很多专职短视频的创业团队和企业主最关心的话题。

接下来我将分享两个创作思路：栏目思维和长篇故事思维。

用栏目思维策划短视频

现实中有太多关于传统电视人、电影人入行短视频可能会碰到问题，但这并不意味着电影、电视的所有知识和技法都不适用于短视频。实际上，内容形式都是有延续性的，图文自媒体的运营技巧完全可以作为短视频运营的参照，电影、电视的一些内容创作和商业变现思维，也是可以做一定的变形，并沿用到短视频领域。

栏目，是电视术语，指的是把一些或一组题材内容、性质、功能、目的，或形态相似的小节目纳入一个定期、定时的时段中播出，这个时段通常会被冠以名称，这一冠名播出时段的节目通常被称为栏目，比如中央电视台的知名节目《焦点访谈》《艺术人生》和《星光大道》等均是栏目化制作。

严格定期、定时长的精细化要求对于短视频账号来说难度奇高，但是如果从一开始策划时就带有栏目思维，会对账号的后期发展大有助益。

◇ 方便打包合集，利于后期沉淀

Playlists（与国内各平台最近陆续上架的“合集”工具功能类似）是YouTube平台最成功的设计之一，特别是对于多才多艺的头部创作者来说，Playlists是一个极大利好的工具。

每个粉丝关注一个账号的理由都是不尽相同的，当一个账号达到一定量级时，这个理由就会因为视频内容本身而趋向固定的数类或数十类。

比如关注Vsauce[①]的人，有的是因为喜欢他对于物理课题的研究，有的是喜欢他对地球的探索，还有的是欣赏他在艺术领域的见地。利用Playlists功能就可以将这些内容打包整理，放到对应的合集中。这样处理之后，不同兴趣的粉丝就可以对应地查看自己感兴趣的内容，而不用自行筛选自己不感兴趣的内容。

另外，它还方便了后期加入的粉丝进行选择性回放。可以说，它从内容分类上对粉丝实现了精细化运营。

Vsauce的Playlists页面非常清晰明了，可见他（和团队）在一开始的内容策划上就极具栏目思维。一个没有栏目思维的视频创作者会在后期发现自己的视频杂乱无序，分类建合集/播单根本无从做起，更别说内容的沉淀了。

受Vsauce的启发，我在做EyeOpener账号时，在早期就把内容分为“一起长知识”（科普）和“一起看世界”（盘点）两大类栏目，后来其他小伙伴又创立了“解题时间”。

然后，我们又根据话题的不同，将前两者的内容进一步拆分为人文、自然、历史、语言等小类。

---

① 好奇心科普教育网。——编者注

◇ 提高账号商业价值

“本栏目由×××独家冠名播出”“本栏目由×××赞助播出”……你是不是看着很眼熟，甚至忍不住跟着念出来？电视栏目的出现与风行和节目商业化（广告赞助）不无关系。

这点同样可以运用在短视频领域。广告方和品牌方的要求通常都是“LOGO露出、露出再露出”，短视频栏目化之后，通常都会露出栏目标识，这就为品牌LOGO的植入提供了更多可能。这样不仅增加了单期内容广告价值，也为今后的商业洽谈提供了更大的议价空间。

比如，“Papi酱的周一放送”每期广告内容都会在栏目标识露出时携带赞助商的LOGO信息，满足品牌方的需求。

此外，除了“Papi酱的周一放送”，Papi酱平台里还有“Papi酱不定期更新的放送”以及“Papi酱突然更新的放送”两个栏目设定，商务人员在接洽品牌方时就可以分栏目洽谈，为客户提供更多选择，从而为己方创造更多的商业价值。

◇ 便于账号尝试新内容以及适时转型

无论是话题选择还是表达方式，如果长期一成不变，部分粉丝很容易形成烦腻感。一个账号每成长到一定阶段就会出现增长瓶颈，创作者只有及时进行调整和改进，才有可能在不断变化的市场环境中稳步前行。

只沿着原视频的方向进行更新尝试的话，万一方向不正确，不仅会伤害粉丝黏度，更会对账号的质量造成负面影响。而如果用栏目思维来管理账号内容，那就可以在保有固定内容的前提下，“推出”新栏目来进行测试。如果数据反馈良好，则可以进一步推进；如果表现不佳，就在适当的时候终止该栏目，把精力用在新内容栏目的策划上。

2018年年底，我们的账号初现数据疲软情况。于是，我们在尝试新方向的同时，也选择了对“解题时间”进行暂时性停更。数据表明，这个栏目几乎不受方向转变的影响。

长篇故事将是一条明路

近年来，系列电影已经逐渐成为最具商业价值的电影门类之一，《007》系列、《碟中谍》系列、《速度与激情》系列和《终结者》系列都是绝佳的案例，漫威（美国漫威漫画公司，Marvel Comics）更是凭借《复仇者联盟》系列赚得盆满钵满。系列电影相较于独立电影，除了可以省去先期（冷启动）的宣发成本外，还因为有了累积粉丝的追随，票房往往都有基础保证。

其实，早在纸制媒体盛行的年代，连载就是很多报刊为了提高订阅和销量而设立的内容呈现形式。连载小说在内容设置上通常会在末尾留下悬念，这样读者就会对下一期内容充满期待。

在电视成为主流媒介后，连续剧的制作方式延续了这个套路，比如《还珠格格》每集到最后都会留下矛盾点，让人对下集究竟会发生什么无比好奇，进而念念不忘，准时守在电视机前等待开播以一探究竟。

此外，影片片尾精心设计的“彩蛋”（往往是下一部电影故事主线的“包袱”）也逐渐成为上述提到的系列电影的标配。

长篇故事似乎是大势所趋，电影、电视都是如此，短视频行业亦然，真正有价值且可持续发展的短视频的最终考验都是讲故事（特别是长篇故事）的能力。

在短视频行业，目前还鲜有个人或团队尝试这种模式。“辣目洋子”[①]团队翻拍的《还珠格格》《回家的诱惑》《延禧攻略》

① 辣目洋子，本名李嘉琦，1995年8月24日出生于内蒙古自治区通辽市，中国女演员，毕业于重庆大学新闻学院。

和《情深深，雨蒙蒙》算是初试锋芒，热评中经常会出现“我竟然在抖音上追剧”这样的评论，虽然数据表现不甚乐观，但在短视频行业也算是尝试和进步了。

用长篇思维来做短视频内容是需要极大勇气的，因为在短视频平台做连载故事，对创作者（或团队）的宏观把控能力的要求是极高的。试想一下，要在1分钟以内做出有趣有料的故事就已经很难了，还要让每一个小视频之间的故事有关联和自然衔接，这对整个创作团队都是极大的考验。

那些因为“偶然”而吸粉数万的视频账号是不具有实际价值的。无论是从账号成长看，还是商业角度看，粉丝黏度越高，账号的价值才越高。只有能够持续且稳定输出优质内容的账号，才有大量积聚粉丝并提高粉丝黏度的能力。而连载短视频（长篇故事）则是提高粉丝黏度的一大利器。试想一下，粉丝甚至愿意为了追你的连载视频故事而设置闹钟提醒，这是多么神奇的一件事情。

“物竞天择，适者生存。”在竞争越发激烈的短视频环境里，我敢断言，连载长篇内容一定会是某个阶段的主流内容输出方式。要想C位胜出，就得在机会来临之前不断锤炼和提升自己（或团队）创造长篇故事的能力。

3.4 视频营销成标配，如何匹配打法

不是所有公司都适合去做视频营销的。在做视频营销之前，需要先弄清楚为什么要做视频营销、它和业务点究竟是怎么关联的、成本和回报比是多少，然后才能决定是否下这步棋。

营销的本质是增加销售，而内容创作的本质是让用户喜欢你，这两种需求天然就是矛盾的，如何将二者结合好，是每一个视频主都头疼的问题。

我们只有充分考量到两种需求背后的心理区别，才有可能找到两者的平衡点，实现商业利益和账号利益的双重最大化。

观众喜欢VS商业价值

◇ 观众喜欢什么样的短视频

在我们一穷二白的时候，要想拍出优秀的视频，注定承受

不起太高的成本和代价。

在缺少设备和资金的情况下寻求突破口是很难的，但有一个方法可以借鉴，就是“要么让观众哭，要么让观众笑”，只有这样才能寻求到突破口，从而带来流量。

这个方法对我的创作理念产生了颠覆性的影响，后来，不论是写文章，还是创作视频，我都会条件反射地问问自己，观众看了会哭吗、会笑吗？

所以在评价一个视频是不是受观众喜欢时，我们完全可以用这个标准去看评测。有人会说，有好多教程类视频也很火，明星们拍个视频数据也很高，难道这些不是观众喜欢的视频吗？

在我看来，这是符合平台意愿的优质视频，可以在平台的流量池里直接获取数据，但却不会被广泛传播到外部，吸引到更多的新流量来反哺平台。所以，宏观地看，这些“优质”视频还不够优质。

但是，能让人哭出来或是笑得肚子痛的视频，很可能会被人转发到微信群，或者在办公室里被热议：“这个视频你们看过吗？”如果我们制作的视频能达到这样的效果，我们的目的就达到了。

◇ 什么样的视频更有商业价值

2019年春节前夕，一部横空出世的《啥是佩奇》的电影预告片引爆全网，成为整个春节档电影预告片里最亮眼的一支。尽管电影本身的口碑和票房非常糟糕，但这却不妨碍《啥是佩奇》本身的商业价值。

一条广告视频能火爆到被全网热议，这应该是所有广告主梦寐以求的事情。

编剧教父罗伯特·麦基在他的著作《故事经济学》里写到，**这个时代的用户已经厌倦了以打扰用户为目的的PPT式广告，而需要带有故事情节的原生广告。**《啥是佩奇》这部宣传片并没有像其他广告公司做的TVC一样，去生硬地讲述植入广告和小猪佩奇之间的关系，而是引入一个完整的故事情节，有诉求、波折和情感的内在驱动，有节日文化和亲情纽带作为潜在逻辑的完美故事型广告。

这是未来广告传播的趋势。作为传媒行业从业者，一定要多关注这样的内容，并且努力提升自己，跟上潮流，否则迟早会被时代淘汰。

故事，是人类文明世界流传最广、最深的文化载体，人类天生习惯于接纳故事化信息。这也是为什么原生广告这一概念从2017年开始，就占据了品牌营销的主流。

从网易云音乐的“看见音乐的力量·乐评专列”，到百雀羚的《一九三一》横屏长漫画，以及因为“创造101”而爆火的“菊外人”事件，都是和产品内容高度绑定的。

市场上不断涌现的对产品销量、播放量或下载量有显而易见导向性作用的推广视频，越发证明大众从来不是反感广告，而是反感冷冰冰的单方面说教罢了，对于引发共鸣以及互动的素材，大众们还是会趋之若鹜。

这则《啥是佩奇》的广告之所以能在社交媒体上疯传，就是因为它说出了简单、质朴，也很常见的隔代情结：“爷爷想你，你也想你爷爷了。”“一家人在一起，才是过年。”

好的创意会长翅膀，能够飞到很远很远的地方，会和无数的事物和人发生关联，产生各种奇妙的、令人惊讶的化学反应。

希望作为营销人和广告人的我们，少做一些“地面爬行”式的苦力活，能体面而优雅地“决胜于千里之外”。

在《一个广告人的自白》里，作者也多次提出过：“如果一则广告你不愿意你的父母和子女看到，那么你就不要做给陌生的消费者看。”

◇ 市场需要什么样的好视频

作为视频创作者，客户永远只有三个：观众、平台和广告商。关于观众对好视频的需求我在上文已经详细阐述过了，那么平台和广告商对好视频的定义是怎样的呢？

平台对视频的审核相对会严格很多，很多视频是无法被审核通过的，更遑论后续的爆火了。

广告方在下短视频订单时，一般会提供一份简介，上面大多写着：产品的特点和引导方向、露出时长和呈现方式、对产品和品牌有正面的曝光和宣传，再细化的要求就需要创作者和需求方具体沟通，协商并且多次修改调整了。

大家可以去看一看知乎2018全新品牌视频《发现更大的世界》。当时，我拿着这支视频去问温智凡："你觉得这个视频值多少钱？"他看完感慨不已："这个可以拿广告制作奖了，成本得在一百万以上吧。"

当然，这支视频的实际花费我们不得而知，但从品牌广告的角度来看，我觉得大部分甲方都会满意这支视频的。当然，这说的是视频的技术层面，而在文案和内容上，如我一般的知乎老用户大多是不会买账的。相对而言，我认为豆瓣的首部品牌影片《我们的精神角落》才更符合平台调性和宣传效果。

营销团队的搭建本就极为困难，而好团队和差团队的区别其实不在于花费的多少，而在于资金的使用效率。比如这个项目的预算就是50万元，找第一梯队的公司花50万可以省去很大的心力；找第二梯队的公司花费40万元可以达到相近效果，但要占用自己团队的一部分时间。如果团队的时间成本在10万元以内，那就说明这个项目负责人的工作做得很到位。

一、吃穿住行类

在大众点评网上出现的品类和商家。

如果你是在路边卖长沙臭豆腐的商家，你该如何利用视频做营销呢？（如图3-3）

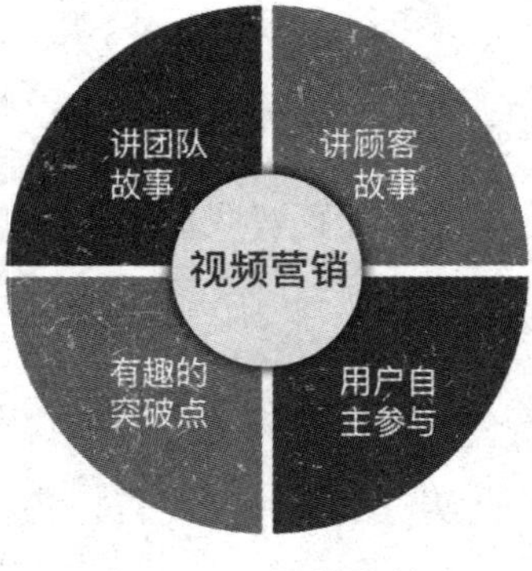

图3-3　视频营销

A.讲团队故事。老板之前是做什么的，为什么想起来要卖臭豆腐（比如小时候特别爱吃臭豆腐，长大后自己开店就可以有吃不完的臭豆腐了），这样的故事可以是真实的，也可以是杜撰的。它的目的是展示亲切感，让顾客可以快速了解你们，增加回头率。

B.讲顾客故事。找几个演员扮演顾客，拍一些顾客小故事，比如男女朋友在吵架，女生生气了，男朋友就去买了一盒臭豆腐。女生看到后，破涕为笑，忍不住吃起来，直喊“真香”。

C.讲食物和健康以及更好的生活方式的关系。这样的点在各大电视广告中十分常见，但我们可以找到一些有网络梗的点做“一本正经地胡说八道”式样的解读和展示。观众看了可能会觉得有趣，进而主动转载，帮你做二次曝光。

D.鼓励用户自己制作相关视频并发到社交网站上。如凭借点赞数据获取类似“一吨臭豆腐”的大奖，具体方式可以参考支付宝的锦鲤思路，把奖品一次性设置到极致，使得事件本身变成一个可以被吐槽和谈论的新闻点。

二、大健康产业

无论是产后恢复，还是日常的健身、塑形、减肥，抑或是专业运动：拳击、钢管舞、球类运动、游泳，以及相关的衍生行业，比如健康沙拉、线上指导、书籍培训等，都是永恒的需求，尤其是随着物质水平的提高，人们越来越愿意在相关类目上投入金钱和精力。

然而，因为这种线下服务受限于地域，所以大部分商家并不是很在意线上引流和营销模式。这就属于没有时代敏感性，要知道，现在的大数据几乎渗透了各个环节，有很多办法精准推送相关内容。再加上现在的人都习惯使用搜索引擎，红利永远只属于那些与时俱进的弄潮儿。

运营思维是永远的重点，你知道用户在选择线下服务的时候一般会考虑哪些因素吗？名列前茅的一定是：离家远近、专业程度和眼缘。

前两项基本上是客观事实，无法改变，但眼缘这个因素是不可控的。要知道，女性才是消费的主力军，而影响女性消费的因素里，情绪消费占了最大的比例。换言之，任何女性都喜欢去一家聊得来的店里享受服务。

那么，大健康产业如何利用简单的视频营销调动女性用户的情绪呢？

在这里，只能是“功夫在课外”了。如果选择做家庭生活中的有趣段子、两性情感话题，或是做一个“妇女之友”，那你是否专业、是否是行业里的“大佬”就显得不那么重要了。只要视频有趣，总有用户会支持你。

一句话概括就是，用复合优势打败同一竞争线上的所有竞争对手——比你服务好的没你贴心，比你有距离优势的没你讨喜。

可能有人会说：“我不幽默，也不会讲段子。在镜头前，我根本不会表演。”其实只有你的短板也是别人的短板的时候，你才有可能曲线救国，杀出一条血路。仔细研究国外的优质视频，或者去一些论坛和贴吧里搜罗热门帖子，并进行二次加工。

你要明白，**精彩的脚本和创意思维永远是最值钱的，其他的问题都是可以想办法克服的。**

三、所有的信息资讯、社交软件

在我看来，凡是以新媒体运营方式进行运营的自媒体，都应该全网通发，加大自己的曝光度。要知道，任何平台都不可能垄断整个市场，一家独大便意味着闭关锁国，只会让自己落后于这个时代。

在豆瓣、知乎、天涯和微博等平台擅长用文字写故事的用户最糟心的是什么？就是他们没能力或者没时间去视频网站获取流量。

其实，这完全可以让官方的视频运营团队来代劳，将本来就可以被推荐的优质内容，有选择地视频化后分发到其他网站，注明知乎账号ID和其他必备信息（比如作者签名档、主页简介）。将“二次元”的内容分发到B站，将“抖机灵”的段子分发到抖音，将一本正经的解说和图片展示分发到优酷。

当然，在各个平台分发内容的时候，也需要因地制宜。比如知乎在抖音开设的官方账号，就应该发布那些容易被攻击和吐槽的“非专业内容”，比如两性情感和萌宠类视频。

试想，在抖音的大环境中，突然出现了一批颜值颇高，还学富五车的视频主的时候，自然就会带给该平台用户新鲜的视觉刺激。在这样的视觉刺激之下，视频播放量想不高都不行。

视频行业如今已经到了下半场，单兵作战的情况越来越少，官方的运营也只对接少数几个头部账号及大部分MCN机构。所以，做短视频前先给几个MCN机构递“投名状”，是更现实的方法。

预算1000元左右，就可以雇用对方拍摄5条全流程的短视频，再加上自己的个人介绍和初步规划，就可以实现内容分发了。至于会不会选中，那是之后的事情了。

案例分析：昙花一现的爆款们

那个抖音上回答“小姐姐，你觉得你男朋友要月薪多少才能养得活你？”“带我吃饭就好啦！”的短视频，大家还记得吗？那个女孩子的ID叫“你的小甜甜”，一夜之间涨粉600万，是抖音现象级的视频。

凭借一条在地下车库跳《Gucci Gucci Prada Prada》手指舞视频而爆红的温婉，一条视频点赞数到了上千万，瞬间涨粉几百万，但后来被抖音封号了。虽然她签约了经纪公司，但到现在也没能再次红起来。

这样的案例屡见不鲜，为什么这些IP可以轻易获取现象级流量，却难以为继呢？这不仅仅是他们本身亮点不够强，后续的经纪公司运营和策划能力有限也是其中一大原因。

一、稳固更新频率

很多短视频新手很难做到持续不断的更新，但是这特别重要。也许新手因为时间有限，没有团队帮忙运作，只能依靠业余时间“三天打鱼，两天晒网”。

但是这些都不是理由，如果真的下决心日更的话，绝对有办法做到。比如，周末和节假日囤积好一批视频素材，然后定时发送。

为什么更新频率这么重要呢？最重要的原因是只有持续更新，才能让运营尽可能地掌控数据和KPI（Key Performance Indicator的缩写，即关键绩效指标考核），才有给予持续资源推荐和各种官方联动的可能，从而带来粉丝资源。

让粉丝对自己有所期待，也有助于后续的粉丝运营，以及加深粉丝对账号的印象。不用怕频繁更新会“掉粉”，要知道，没有流动的水塘会臭掉——比起“火起来”，更重要的是先“活下去”。

二、和粉丝做朋友

我问过一些内容创作者：“关注你的粉丝都是些什么人？”大家的回答都很模糊，没有一个很明确的定位。

所谓的标签和用户画像那是对外界的官方说辞，创作者应该更诚实，真切地认识和了解粉丝，才能真正找到自己的定位和魅力点，并加以扩大。而不是莫名其妙地拥有了流量，又莫名其妙地失去。

前面讲到过，EyeOpener会回复每一条粉丝的私信，这一做法让我们的粉丝黏性越来越好，同时也让我们认识到了自己的粉丝到底是一群什么样的人，从而在后期的运营风格上做出相应的调整。

如果你今天忙到没有办法抽空去真正了解粉丝，甚至把这样的工作交给其他人代劳的话，粉丝总有一天会离开你。

三、选择广域标签

一定要选择有更强生命力的母体文化。这一点，在《超级符号就是超级创意》这本书里已经讲得很明白了。

同样是教人化妆，你教胖姑娘化“贵妃妆”，这样的高度和格局，就能让你的IP拥有穿越圈层的能量，让本来不想学习化妆的人也有兴趣看一眼，同时也能让那些本来关注你后想学习彩妆，并且已经学会了的人不舍得“取关”（即取消关注）你。

BECOMING

HIT MAKERS

How to Catch up with the Short Video and Live Streaming Trends

第四章　人人皆 IP，新媒介赋能个体经济

4.1 图文——短视频，自媒体“出圈”之路

图文类自媒体转型

随着微信公众号和微博打开频次的断崖式下跌，越来越多的自媒体人开始把目光锁定在短视频领域。Papi酱的爆火，成了2016年短视频春天到来的报春鸟，各大短视频平台互相重金挖角再一次吸引了业界的眼球。

据《2016年PGC产业生态研究报告》指出：“2016年各类PGC制作机构超过1.5万家，产出节目保守估计超过20万集，较上年增长1000%以上。”连Facebook的创始人扎克伯格都声称：“彻头彻尾的移动产品，可能会充满视频。”豆瓣和知乎2018年的年底改版也加入了短视频版块。

与此同时，PGC制作也发生了较大变化，越来越多的制作方开始从视频剪辑和配音等简单的制作方式，向原创内

容、视频拍摄方向发展，从单集不到千元的制作成本，陆续出现单集制作成本升至3万~5万元，甚至部分已经接近10万元。

随着“罗辑思维”平台撤销对Papi酱的投资，针对短视频未来的讨论甚嚣尘上，资本市场开始冷静，而图文类自媒体在转型期也频频遭受考验和阵痛，资金短缺、经验稚嫩、制作成本高昂和营销效果甚微等是从业者们在转型期面对的主要挑战。

在这样的背景之下，有基础的优质PGC终于迎来了春天，他们轻而易举地迅速发力，并借助MCN和资金的力量，开始和电商以及直播接轨。这其中做得最出名的就是“一条”，在整个市场都处在混沌和迷茫中时，只有它在高速前行。

2018年，补贴战结束，行业整体架构基本成型，十家左右头部公司占据了市场高点，这些公司有各自擅长的领域，比如美食公司、网大公司、网剧公司和短视频公司，业务相对集中。如今，这个领域已经形成了完整而繁荣的生态链，连专门为网红们定制周边的公司都能生存得很好。

2016年，大多数PGC从一开始的自制，转向寻求短视频机构的合作，或者去寻找专业的中小团队，将自身变成了一个IP

孵化基地。

在这样的背景之下，图文类自媒体的转型之路大都艰难而缓慢。这类创作者首先应该思考的是，原有的内容和新型平台的内容需求有没有交集？比如两性关系的恋爱指导教程、好笑的小故事……这些在任何一个平台上都是受欢迎的。

这样的内容要想制作成视频，可以考虑PPT幻灯片模式、脱口秀+字幕模式、MV模式，等等。可以关注一个叫“字说”的APP，它是一款专门快速生成文字类短视频模版的软件。

你在其他平台的人设和卖点是什么，在这里一样是什么。从知乎转战抖音最成功的就是“贺嘉老师”和“剑圣喵大师”，大家可以搜一搜他们的抖音号。也可以看看“杜子建”“复旦大学陈果”和“书单来了”等抖音号，这都是图文类自媒体可以借鉴的类型。

但需要注意的是，**因为时间有限，内容需要浓缩，所有的金句和亮点，要在前面一两秒钟内全部亮出来。**

运营者如果要做时间超过一分钟的视频，也需要在前3秒钟内吸引受众的注意力。运营者要明白一个道理：如今的观众绝对没有耐心给你更多的尝试机会。

比如美食、体育、健身、康复和摄影等行业，天生适合用视频自媒体形式去传递信息，增加品牌溢价，获取用户，但是这类从业者大多不擅长用文字去阐述自身特点，而通过视频来展示就容易多了。

◇ **找准定位**

你的核心卖点是什么，这决定了你用什么样的软件制作什么样的视频，也决定了你在什么样的平台更容易获得流量。

比如，教学类视频上传到优酷和B站平台较为有利，因为用户已经习惯了去这些平台找教学视频。关键词搜索容易被查找到，而且百度可以收录——千万不要小瞧百度搜索的威力，中国人大部分还是习惯依赖百度搜索引擎的。

你自己也可以搜一下自己想要做的内容方向的关键词，看一看排在前面的是什么视频网站。

如果是炫技、搞笑和猎奇等比较前卫的内容，当然是去当下最流行的视频平台了。那里的用户年龄偏低，对新鲜事物的接受程度高，一定要充分利用好。

◇ 寻求官方支持

如果有认识的人在某网站做运营，或者是被邀请入驻，只要这个网站本身是有知名度的，就可以先攻下这一个山头。比如，你是土豆网的头部用户，有了一些标签和成绩之后，可以再凭借这个身份去别的平台开疆拓土，效果往往会很好。

◇ 不要饮鸩止渴地消耗资源

千万不要为了赚取补贴和分成，去做搬运工和薅羊毛。短期来看，也许会由于平台机制不完善，让你赚到一些“快钱”。但遍观我认识的这样做的人，无一例外都把赚到的钱又全投进去了。

对于IP的长线打造和长尾红利，才是我们真正要追逐的目标。从刚开始运营的时候，我们如果就能规划出我们五年后的IP场景，你就会明白当下要走什么样的路。

◇ 了解平台政策和运营动向

秒拍，一度是微博最重要的产品之一，借助“冰桶挑战”和“名人接力”等活动，秒拍营销成了微博大号发微博视频的标配。那时候，微博的短视频项目颇有潜力，小咖秀也曾在短时间内蹿红过，只不过生命周期太短，很快就从人们的视线中消失了。

2016年9月，今日头条的CEO张一鸣宣布，未来一年，他将会拿出至少10亿元来补贴短视频内容创作者，同时给予每一条优质原创短视频至少10万次加权推荐。

秒拍母公司紧接着也宣布拿出10亿元对移动视频领域进行投资布局，意图打造完整的短视频上下游产业链。

百度在内容生态大会上宣布，要在2017年完成百家号（包含短视频形式）分成100亿的“小目标”。

腾讯方面则启动了“芒种计划2.0”，投入12亿元扶持内容创业者。其中10亿元现金补贴将集中在原创和短视频内容创作者身上，鼓励优质和原创内容。

2017年3月，土豆宣布全面转型短视频，并投入20亿元打造“大鱼计划”。转型后的土豆也将成为阿里文娱短视频战略的重要实验场。

2018年3月，微视借助微信生态的流量和砸钱赞助热门综艺的方式与秒拍、抖音争抢流量，但是没多久便偃旗息鼓了。

而在这样的混战中杀出重围的竟然是美图秀秀。美图CEO吴欣鸿从一开始就明确了自己的方向："美拍要去除功利心，不在社交媒体上'消费'明星，而是要让普通用户成为主角。"

为此，美拍举行了线上活动"全民社会摇"，短短两周时间，便吸引了100多万人参与，创造了"最大规模的线上自创舞蹈视频集"吉尼斯世界纪录。

面对竞争空前激烈的"平台割据战"，创作者和创作团队要做的是：

1.在平台上注册一个或多个属于自己的账号，以避免自己想要的名字被抢注，这和抢注商标是一样的道理。我们都知道，微信第一批公众号有日推3条的功能，红利永远是先行者的酬劳。

2.仔细研读创始人的公开演讲，揣测其背后的意图。在这方面，我更倾向于相信未上市的创业公司的政策，因为他们有更强的执行力，能将运营理念传达到产品中去。

除此以外，就是去参加这些公司的线下嘉年华活动或者峰会论坛，近距离地观察工作人员的工作态度和水平，这样你就会发现哪些人是在真正做事，哪些人是在浑水摸鱼。

因为成本昂贵，我们只能把精力投入到最适合我们的平台之上。

◇ 如何获得平台运营的推荐

找准了定位，也找到了合适的平台，能否获得推荐又成了最大的拦路虎。

很多人习惯找业内人士取经，去创作者群里瞎聊，却不关注真正值得研究的路径。

运营人员和运营策略不是一成不变的，写作此书时的市场环境和读者拿到书阅读时的市场环境一定是不同的。**你需要掌握真正的方法论，才能在任何时期都能找到适合自己的运营策略。**

平台运营人员的风格和领导的个人主观意见，往往决定了平台内容类别上的比重。所以，**大量观摩他人的作品，找出共同点，揣测用户和运营的喜好，是不变的真理。**

除此之外，导入第一批冷启动用户也非常重要。有一次，我参加了一个饭局。当大家纷纷交换社交媒体的账号时，我表现得有点羞怯。于是，一个做自媒体的前辈就跟我说："做自媒体不能有玻璃心，有玻璃心就吃不了这碗饭。关注你的朋友并不一定非要看最专业、最完美的产品，他们也很乐意见证你的成长。”

这句话给我增添了很多信心和勇气，自此之后，我经常会把自己的作品分享给我遇到的保洁阿姨、教练、按摩师、美甲师和卖水果的老板们看，然后通过他们的转发获取跨圈层的用户和反馈，取得了很多意想不到的效果。

4.2 差异化生存：垂直类自媒体异军突起

流量红利逐渐消失，自媒体的转化率持续走低。如何能够更好地触达用户，变成了大多数视频创作者的痛点。视频主大多只在单一平台有影响力，且非常依赖平台的推荐。于是，视频的分发能力就变得至关重要。

在被火山小视频挖走一批头部UGC之后，快手CEO宿华甚至言之凿凿地说："那些在快手上成长起来的红人，在其他任何平台都不可能取得成功。"

他说这话是有一定的底气和道理的。在资讯如此发达的今天，观众们对某一特定网红的依赖远远没有想象中那么高。这一点，从直播平台的主播之争中就可见一斑。在斗鱼的王牌小智、二珂以及文森特纷纷以两三倍的签约价格投向别的直播平台后，行业内曾经极度唱衰过斗鱼。然而，一年过去了，龙头老大哥的宝座，斗鱼依然稳稳占据。

Papi酱是少有的全平台通发的现象级短视频网红。她火了之后，没有独家签约任何平台，而是全网开花，如优酷、头条号、微信公众号、美拍和秒拍，等等，可以说是全网“圈粉”。也正因此，她的广告费被拍出了2200万元的天价，虽然随着过度透支和经历下线整改等风波后，其风头有所下降，但她依旧是短视频领域里不可忽视的标杆性创作者。

其他的视频主就没她这么幸运了。在国外红得发紫的Micheal Phan意图打入国内市场，但时间不久就偃旗息鼓了。水土不服，是网红们“转会”后的一致感受。

算法精准推荐，垂直细分成突围方向

国内现有的视频网站大多采取的是编辑推荐和人工排期的首页展示模式，用户像订阅杂志一样，由编辑决定首页内容。从本质上来说，他们依然是传统媒体内核，只不过形式、名称换了而已。

而YouTube和头条视频、快手分配流量的机制则是千人千面，个人登录前和登录后所看到的首页完全不同。这也使得很多小众视频可以借助算法推荐，迅速推送给精准目标群体。

算法推送趋势在2016年就隐约有了苗头。从招聘网站上开放的职位来看，爱奇艺、优酷土豆等早已开始紧锣密鼓地吸纳算法人才，而算法推荐做到领先的今日头条也开始大力推广短视频板块。机器算法的分发模式，对于沉睡资源的唤醒和中小自媒体的“长尾效应”来说，是一个利好的信号。

平台现有的热门频道主要有脱口秀、户外、宠物、亲子和故事型MV，它们可以说是公认的视频内容主旋律。（如图4-1）

图4-1　热门频道类型

有垂直细分领域持续输出能力的自媒体人，如美妆、穿搭、汽修、教育等，他们有源源不断的素材，视频的表现方式也更加生动具体。IP属性经过一轮轮的强化，更具有议价和变现的能力。在这里，我想用《李老鼠说车》节目来举例，他们的节目大概做到第三期的时候就有车企赞助商找上门来了。

只要内容足够垂直，用户在观看时就会完成内容筛选，选择是否购买相关产品，画像非常明晰。其中，导购类、生活类、评测类视频的表现尤为突出，商机也最大，比传统的广告更加接地气和抓人心。该领域在YouTube平台整体商业化中受益最为明显。

相比美食、游戏这些大的领域，更细分的领域可能更有深耕的价值，比如说开箱芭比娃娃、鲱鱼罐头测评等，在吸引观众注意力方面还没有完全饱和，从算法推荐角度看，其投放更精准，推荐的用户群体更加匹配，播放量也更高。

通过精心设计的LOGO、手绘和周边产品，沉淀自己的形象、自己的文化和自己的粉丝圈，并让粉丝形成高认同度。这些事很难由创作者独立完成，所以背靠经纪公司，签约捆绑给MCN几乎是必然的。只是对于MCN运营能力的甄选，又是另一大令创作者头痛的问题，在后面的章节里，我们会做详细分析。

4.3 有“人性”的IP才能长久

区别于传统视频，短视频平台最为人称道的特点之一是其强大的社交属性——用户可以及时在评论区、弹幕区，对话题本身、视频的具体细节甚至延伸内容进行反馈（支持、感慨、评价、质疑、建议、求互动，等等）。作为创作者，巧妙甄选这些评论内容并及时回复形成互动，不仅可以使当期视频的曝光量激增，还能提高粉丝参与度与活跃度，进一步增强用户黏性。

粉丝运营其实就是与粉丝互动。因为平台属性不一样，所以互动的手段也会因平台而异，比如微信公众号的粉丝评论只有后台通过后，其他读者才能看到；再比如B站的“弹幕”已经形成了站内不可替代的流行文化；还比如皮皮虾的神评认证功能激发了广大网友无限的跟评热情……

但对于绝大多数平台来说，共通且有效的互动手段包含点赞、置顶、优质评论、回复评论、关注私信，等等。

◇ 在评论区搭建人设

对创作者来说，评论区的功能包括但不限于内容的延伸和补充，它同时也是增强粉丝黏性，搭建人设最重要的场所。

以EyeOpener的运营为例，像任何人都会犯错误一样，我们的视频也难免会出现问题。如果是重大失误且自己在第一时间主动发现，那常见的处理方法就是及时撤回或下线，改正后重新上传发布；但对于一些小瑕疵或者模棱两可的失误来说，完全没有必要如此大费周章，及时地在评论区置顶说明，才是正确的处理态度。

在运营EyeOpener的过程中，小瑕疵、小失误无法避免（特别是前期），比如标题写错字、字幕漏了一句、“工厂（chǎng）”念成“工产（chǎn）”等等。

通常，这些失误都是在视频发出去几个小时后，“铁粉”发现并在评论区中反馈给我们的，此时单条视频播放量已经很大了（一般已经有3 000~50 000的播放量不等），如果因为这些小瑕疵而下线视频，影响后期播放量不说，还会浪费人力和时间去重新配音、渲染、输出、上传等。

遇到这样的情况，还不如直接在评论区回复发现问题的粉丝，直接感谢对方的指正，承认自己的错误，向大家致歉（当然，具体问题要具体分析，当瑕疵小到可以忽略不计时，甚至可以更简单地回应）。

需要注意的一点是，切忌像写官方声明一样板板正正，要根据具体情境灵活变通，需要亲切时就亲切，该活泼时可以活泼一点儿。这样，粉丝才能感觉到UP主“人性”的存在，也才会产生互动趣味和动力。

需要强调的是，无论在什么时候，都不要和评论用户争吵。如果一开始就选择心平气和地解决问题，那对方自然也就偃旗息鼓，不会与我们发生冲突；另一方面，拥有几十万粉丝的视频号和用户斤斤计较这件事情本身就上不了台面，会显得UP主小气，缺乏素养。

另外，你与用户争吵的内容会受到更多人的关注，很容易形成舆论，而舆论世界的准则是“舆竞天择，弱者生存”。所以谦虚行事、低调言语是粉丝运营中重要的生存法则。

我每周花在浏览及回复粉丝评论上的时间加起来绝对超过八个小时。很多经常联系的短视频创作者都对这一行为表示不解，甚至认为我这是在浪费时间。

然而，我之所以如此重视评论区的一大原因，是因为粉丝历来是EyeOpener选题的重要来源之一。比如，类似“口香糖下肚，真的有害吗”“一整周只吃薯片的你会怎样”“8款烦死人的游戏”等爆款视频（单条全网播放总量300万+）的选题绝大多数来自评论区（部分来自私信）。

能对EyeOpener视频持久感兴趣的粉丝基本也是观察力极强的一些人，他们经常会提一些非常有意思的问题。在粉丝留言建议和疑问的激发下，我们持续不断地产出了更多趣味和实用知识视频。所以，对于创作来说，引导和利用得当，评论区就是一个免费且优质的“选题池”。

如此看来，一周花费八个小时和粉丝互动是不是就特别值得了？

◇ 关爱粉丝，UP有责

尽管EyeOpener最近两年发展极快（截止到2019年2月份，EyeOpener已经成长为头条科学/教育等领域的头部号，新榜PGC生活百科类排行蝉联5期第一，总榜也稳定在第8~50名之间）。我经常觉得自己无比幸运，且每时每刻都提醒自己初心不可忘。EyeOpener的综合数据之所以如此漂亮，除了我们的内容质量过关，还得益于越来越多的粉丝和他们的持续关注与支持。

所以，我发自内心地感谢每一位关注我们的粉丝。从粉丝的角度看，观看、认可、关注、转发、评论、收藏、点赞和推荐等行为都是他们的权利，而不是他们的义务。

当一个人愿意将权利用在我身上时，作为创作者，我难道不应该心怀感恩吗？当视频发出后，一堆铁粉抢占一楼时，我难道不应该适时地回应吗？当粉丝提出意见和建议时，我难道要视而不见吗？

关爱粉丝，是每个UP主都该有的责任。关爱行为包括但不限于：及时、恰当地回复粉丝留言（包括评论区、弹幕和私信等）；定期在粉丝群里和大家互动；适当听取粉丝对于内容或选题的意见和建议；给超级铁粉定向发送节日祝福以及赠送小礼品。

当然，这还取决于创作者本身的选择，有的UP主可能会认为创作者只要负责做好内容就行了，其他形式化的东西只会浪费时间。但我个人觉得与粉丝定期沟通能使流量本身“活”起来，从而激发粉丝进一步的参与热情，进而产生更多更有价值的讨论。

此外，了解特殊粉丝的过程本身就是一件特别有意义的事情。帮助他们解决一些能力范围之内的事情，向他们传输正确的价值观，会极大提升我们作为内容创造者的收获感。

例如，有一个来自广东惠州的粉丝常年手脚出汗，当地赤脚医生给她开了很多土方子都不见效。她偶然在网易云音乐上看到了我们的知识类视频后，便通过私信把自己的状况向我们描述了一遍。

在了解了她的情况后，通过多方检索和查证，我给出了她一整套的综合建议（当然，我始终要强调一点——我不是医师，方法也都是从网络和书本上找的）供她参考，她向我表示了理解和感谢。

没想到半个月后，我再次收到了她的私信。她告诉我，她的症状得到了很大的改善，非常感谢我。她一再表示要给我们寄她当地的土特产，我虽然婉拒了她的好意，但举手之劳能够帮到人的那种喜悦、满足与成就感真的难以言喻。

一旦和粉丝形成良性互动，粉丝的力量就会慢慢显露出来。当EyeOpener进入到增长瓶颈期时，一些“高仿号”就在我们还未上线的平台盗发我们的视频，并佯装自己就是EyeOpener本人。

尽管EyeOpener在很多平台都或多或少地遇到过困难，但我们一直坚信，只要生产优质内容，数据就会逐渐变好。

EyeOpener在快手平台上就曾遭遇过运营困难：我们首发的原创内容持续一个月都只有数百甚至更少的播放量，而高仿号在对我们的视频进行掐头去尾或变声处理后发布，却拥有了奇高的流量，有一个盗发账号甚至只用三天时间就积攒了近三万的粉丝！

EyeOpener团队通过打电话、发邮件等多种渠道联系官方，寻求解决途径，最终得到了满意的处理结果。

实际上，每次视频被盗发几乎都是粉丝（90%来自B站粉丝）通过私信告知我，我才知道的。而这些账号通常也火不了几天，因为只要粉丝在B站里跟我确认不是我本人的账号，他们就会三五成群地去对应渠道举报。

面对这样一群强大且无私的粉丝，你很难不被感动。所以，一定要拿出一定的时间与粉丝进行互动。除了回复留言及私信外，还可以定期通过各平台后台的“我的粉丝”（或“粉丝分析”，各平台名称不一致）功能，从宏观上通过性别比例、活跃时间分布、年龄分布、地域分布、终端分布、最爱的话题和类目等信息读懂你的粉丝，从而为内容创作和运营提供更多建设性的意见。

粉丝运营做到后期，要想再进一步，就需要做社群运营了，就是将粉丝引流到社交软件，如微信或QQ群中，为进一步商业变现做准备。但这一步极其消耗人力，除非你的团队有足够明确的商业模式和足够多的时间，或者有足够优秀的人来做精细化社群运营，否则就有可能因操作不当损害主账号的声誉——因为这毕竟是在利用和消耗粉丝，所以要谨慎行动。

◇ 增强IP感

“IP是短视频的长寿秘诀”，同时也是增强粉丝黏性的关键，越来越多的头部账号都在朝着IP的方向发展。

IP打造的关键点以及成长中的壁垒都极其依赖辨识度，没有辨识度的“素人”（即没有经验的普通人）是没有爆红的可能性的。例如，网络红人“呆阿拿”那一口独特的重庆普通话就不是任何人都能模仿的。

知名产品人“纯银V”在卖掉自己的短视频产品之后，说过这样一番话：“我猜国内大约有几百万具备熟练的剪辑技能的用户，获取这批人不难，真正困难的是选题和节奏——他们中的绝大多数人并不具备从内容消费角度去创作的媒体意识。”

这也是我们的一大困惑：为什么已经夕阳西下的电视媒体行业没有诞生太多优秀的短视频人才呢？目前已知的知名案例

似乎只有《陈翔六点半》(一档创意爆笑短视频节目)。而既然有那么多业务娴熟的电视人，为什么他们一直没有利用自己的一技之长在短视频领域创作出优秀的作品呢?

这就是超越拍摄和剪辑以外，更高维度上的技能要求——产品能力。

其实，这也正是为什么我作为一个并不擅长拍摄也不擅长剪辑和后期的人，却能写作这样一本书的原因——IP 运营，才是短视频成功的根本。

◇ 有IP的和没IP的差距

有IP的账号除了本身拥有的流量和商业价值外，还会有许多IP溢价。

用户喜欢的是这个账号，因为它有品牌公信力，而非单期节目。这就给了运营者更大的尝试空间，哪怕出现一些方向上的偏差，被观众质疑，也能够及时调整，因为观众的忠诚度和容错率是IP带来的。

而没有IP的创作者对用户是没有吸引力的，其生产的短视频更像是“用过即忘”的产品，只能凭借单期节目提供的价值获取曝光，是无法积累和沉淀用户信任的，一旦节目本身的创作水平出现滑坡，就会迅速损失流量。

商家在投放广告时，对没有IP的账号报价常常不到有IP账号的1/3，这也是为什么“GQ”只有100万粉丝，它的商业报价却超过很多拥有千万粉丝账号的原因。

◇ 成功的IP运营的标志是粉丝的自创作能力

IP，人人都在说，而是否有明确的LOGO和明显的风格，有一个很简单的评定标准：“粉丝是否拥有借助这个IP自行创作衍生内容的能力。”

表情包就是很容易传播的粉丝二次创作产物。一个连表情包都没有的IP是不配称为IP的。同理，还有流行语录，比如凭借一句“人间不值得”——李诞这个IP就被大众熟知了。

粉丝运营一般是为社群运营打基础的，将人聚集到一起之后才能通过各种互动碰撞出火花。社群运营的概念早些年被小米玩火了，《参与感》一书充分展示了米粉们在论坛里是如何被调动，并且产生大量优质的UGC内容的。粉丝不仅参与内容的产生，还参与产品的重要决策，既获得了归属感，也拥有了品牌感情。

早在1980年，美国学者阿尔文·托夫勒就在经典名著《第三次浪潮》中预言：未来，在市场竞争、技术变革和企业利益的驱动之下，生产者与消费者之间的界限将会逐渐模糊，甚至融为一体，传统意义上的消费者将更多地参与到产品开发和设计环节，他们就是所谓的生产型消费者。

4.4 网红+KOL的带货逻辑

在网上，一个媒体人问网红和KOL（Key Opinion Leader的缩写，即关键意见领袖，指在某方面很有影响力的网络红人）的区别是什么？有人在评论区里说：长得好看的叫网红，长得不好看的就是KOL。

这虽然是玩笑话，但也确实说出了一些职业特性：网红负责展示美好生活，而KOL需要引导用户如何获取美好生活。

一个产品，如果能够同时调动这两种力量来为自己做营销宣传，那它的能量会无法被阻挡。

目前的市场呈现出头部红人数量奇缺，尾部素人难以被训练成材，腰部红人艰难维持的整体生态，30万以下粉丝的网红大约占了网红整体的60%，基数十分庞大。但是站在金字塔顶部的红人们则容易赢家通吃，跳出原有的平台，在所有平台全面开花。

其中，平台网红和关注者互动最好的平台当属B站，其特有的弹幕文化使得UP主和粉丝们惺惺相惜，但在B站植入广告会带来更多的负面影响，所以B站网红的报价的性价比相对来说低得多，内容的植入方式也会“软”得多，对产品的转化来说，效果也会差一些。

网红的大批量涌现往往也和平台的红利期有着极大的关系，比如抖音的迅猛崛起，使得该平台上粉丝量过百万的红人占比远超B站和快手，而当产品决定投放广告的时候，便会综合考察单个账号蹿红的原因——这决定了他们的“带货”能力（网络流行语，指明星、网红这类人群对产品销售的带动力）和广告效应究竟如何。

凭借平台本身“送粉”起家的网红们，人格标签和内容标签识别度不够，广告投放的标准大都对应的是该平台投放的CPM（千人成本，平台硬广价格的通用计价标准），而那些带有明显人设和带货能力的网红，则会有很高的人设溢价。

以抖音红人为例，他们创造的大多是好看好玩的浅内容，品类上大致分为：帅哥美女类、搞笑段子类、唱歌跳舞类、美食类、萌宠和晒娃类、旅游类、生活技能类。可以不那么精确地说，只有生活技能类是KOL，其他的都是网红类。

通过网红博主曝光产品，再通过KOL促成交易和转化，这是商家们经常使用的营销策略。

◇“大家都在用”vs“专家说这是最好的”

网红广告的作用是营造出一种环境氛围，通过各个视频主的生活展示，让用户感觉这个产品非常“火”，尽管他周围的人可能都不知道这一产品。

消费者的购买决策常常是非理性的，尤其是情绪主导下的随机购买决策。有时候，一个搞笑的段子或生活片段就能吸引用户下单，比如抖音上的爆款产品“太阳花”，它毫无实用价值，但就因为那可爱的样子惹人发笑，许多用户就会忍不住立刻在淘宝上下单。

除此之外，大量的重复性曝光也是最常见的广告策略，但是电视广告和信息流广告本身价格不菲，且同一个广告的重复效果并不能构成环境因素，所以很多包包和首饰厂家会无偿赠送给网红博主们大量自家产品，等他们需要拍摄的时候，多半会优先考虑厂家的款式。这样，并没有直截了当地做广告，却在无形中传递给了用户一个“买家秀”的认知。

比如，有一个品牌包叫MCM，刚进入中国市场时，它毫无影响力，送给明星们，明星都不愿意背。于是，这个品牌想出了一个奇招：免费送给明星们的经纪人。每次粉丝在机场接机或者参加活动时，偶像身边的经纪人都会背着这个品牌的包包。不久，很多明星也受经纪人的影响，慢慢地开始接纳这个品牌，愿意背了。几乎一夜之间，这个品牌的背包就成了网红包。

KOL们的带货方式，则是通过专业的阐述去诱发消费者们产生购买欲望，他们会精准且有针对性地挖掘产品卖点，说服消费者下单购买。

这也是为什么李佳琦（淘宝最能带货的主播之一，被称为"口红一哥"）直播卖口红还要去申请吉尼斯纪录的原因，这种噱头的包装可以第一时间吸引普通用户的关注，赢得他们的信任。接下来再去阐述产品的卖点时，就更容易被用户接受，兼具曝光和导购双重效果，一般的厂家仅凭借自己的力量是无法做到的，选择和KOL们合作是他们最主要的推广方式。

所以，网红们打开市场，KOL们促成下单和转化，是现在最实用的策略，除了需要一定的广告资金以外，最重要的还是要了解短视频生态和流量市场，挑选最符合自己定位的账号，进行有层次、有维度、有策略的营销推广。

4.5 UGC到PUGC的进阶之道

短视频行业发展到今天，业已形成OGC、PGC和UGC三者共生的内容生产形态。

在渠道资源的分配和获取上，OGC、PGC和UGC有着全然不同的权限和能力，所以，弄清楚这三个绕晕了很多人的“GC”在短视频时代的具体形态，是很有必要的。（如图4-2）

PGC Professional Generated Content	专业生产内容
OGC Occupationally Generated Content	职业生产内容
UGC User Generated Content	用户生产内容

图4-2　名词概念

◇ 如何正确理解短视频里的OGC、PGC、UGC

实际上，这三个专有名词并不是什么新兴词汇。早在图文时代，人们就已经开始对互联网上内容的产出方式进行了划分，其中UGC最容易理解，泛指用户将自己的原创内容放在互联网上展示给其他用户的内容生产方式，比如：一个人在餐厅吃饭，在饭菜里吃出了一条虫子，于是发了一条微博吐槽一下。

OGC与UGC相对应，指的是以职业化的方式提供相应内容，媒体平台的记者、编辑在职务内采写和报道的内容都属于OGC。比如，某新闻媒体的记者通过官方账号发表了一篇曝光某餐厅脏乱差的文章。

PGC则介于前两者之间，PGC生产者通常拥有专业资质和学识（专业度远超UGC，甚至不亚于OGC），且往往是爱好驱动的。比如，一个健康学专家发表了一篇博文，事无巨细地阐明了如何鉴别餐厅里的问题食物。

到了短视频时代，上述三者的基础定义仍旧成立，但需要重点指正的两点是：

第一，PGC和OGC已经不再局限于对个体的描述，更多形容的是机构或团队；

第二，在翻阅了诸多文献之后，我发现都到2018年了（彼时短视频已经风生水起），竟然还有很多文章会用“义务贡献自己的知识并形成内容”来形容PGC，并用用户是否付报酬来区分PGC和OGC。

现在，绝大多数PGC短视频账号都并非单纯意义上的“义务贡献知识”，而是一开始就目的明确，先涨粉后变现或者边涨粉边变现。多数PGC内容生产者在短视频制作环节就可以获得不菲的报酬，甚至远超OGC。部分优质UGC还能通过发布原创内容获得广告收益。

所以，在短视频时代，不能再简单地用用户是否付费来区分这三者。

◇ 悲摧的UGC

UGC、PGC、OGC三者在渠道运营难易程度上有着天壤之别。

出于媒体在内容生态中的特殊地位，以及媒体本身既有的可置换资源，OGC生产者通常可以较为容易地获得平台资源，包含但不限于内测功能优先使用、额外曝光、联合活动、官方推介等。

对于短视频平台来说，一方面，OGC机构除了能够为平台自身的品牌提供良好口碑之外，其通常还有大量且可靠的内容来源；另一方面，与OGC机构维护好关系通常也是各平台的主动诉求。因此，短视频平台通常都会匹配OGC的专业运营团队，OGC生产者在内容分发和运营中也就更有保障。

很多PGC短视频团队能够说服投资人成功融资，这最起码意味着两点：

（1）BP里已经有成熟的商业模式；

（2）创始团队有丰富的行业/商业经验。

因此，PGC通常从一开始就会匹配运营和商务人员（部分团队为了节约成本，可能会在过了冷启动阶段后再进行配置），在渠道拓展、关系维护和具体合作事项的对接中表现更专业、更有效率。专业的渠道运营对接平台专业的账号运营，无论是对账号养成，还是在商业合作方面都有着广阔的想象空间。

此外，PGC账号的视频一般都是优质的、有保障的，这些内容吸引粉丝和潜在粉丝前来观看和互动，提升了平台的用户活跃度，为平台贡献了不可忽视的价值。所以，平台为了回馈PGC创作者，会在资源（通常为额外曝光或商业机会）上给予优先照顾。

当PGC账号成长到一定规模后，会形成品牌效应，运营团队也会更加完善，有些头部PGC的运营和商业操作水平丝毫不亚于平台方，甚至达到了与平台平等置换优质资源的水平。面对如此成熟优质的PGC团队，平台当然也更愿意主动给出更多资源以实现互利共赢。

绝大多数UGC根本接触不到有效的渠道资源。作为用户的最大组成部分，多数UGC账号无论是内容还是运营上的专业度都远远不及PGC和OGC。即便是很多因为有一技之长而成长起来的UGC账号，在中后期对接渠道时也常常因为不专业而闹出各种笑话。

我比较熟识的几个平台用户运营都跟我分享（或抱怨）过他们在对接UGC用户时的奇葩际遇。要知道，能被平台运营或商务注意到，已经证明该用户有过人之处——但即便如此，仍然难免漏洞百出。

无论是从扶持账号成长还是推进商业变现来说，平台运营在对接个人用户时都要付出更多的精力，所以从产出比的角度考虑，一般平台运营的积极性都不会很高。

◇ UGC新手该如何接触到渠道

国外的UGC视频创作者，基本上只要在YouTube等几大平台做好运营就可以了。而国内不一样，如果创作者或创作团队决心深入短视频，头条号、微博、微信、企鹅号、大鱼号、百家号、快手、西瓜、抖音、火山小视频、全民小视频、搜狐号、大风号、微视、网易号、皮皮虾、网易云音乐、一点资讯、B站、美拍、秒拍、小红书等等，少发一个平台就会少一份机会。

在百家争鸣的业态中，坏处是同时运营这么多平台需要消耗大量的时间，单靠一己之力很难办到；而好处是，只要内容不差，一个平台火不了，总有另一个平台可以看到希望。

那么，UGC创作者该如何接触到渠道方（平台）的运营人员呢？

实际上，如果没有足够优质且适应平台的好内容，即便对接到了精准渠道运营人员，对方也爱莫能助。深度接触平台运营人员之后，UGC创作者就会发现，实际上，多数平台的运营人员能做的事情都很有限，他们没有绝对能力，也没有权限把一个质量平平的视频账号推火。

平台运营人员做得更多的，是通过你视频的数据表现和平台政策来定向给到你反馈，以求你在内容生产和运营上能够更贴近用户和平台需求。这些反馈在账号发展的中后期（瓶颈阶段）至关重要。例如，EyeOpener的西瓜视频号、UC大鱼号、爱奇艺号等，如若不是得益于平台运营人员在关键时刻指点迷津，绝对不会走到今天。

UGC用户要想接触到渠道，最正确也是最有效的手段就是：做好内容。虽然竞争激烈，但在以算法和机器推荐为主流的短视频行业里，任何内容的起步都是相对公平的。当你的内容质量出类拔萃时，数据自然会飙升；当你的数据可以稳定到登上如新榜、今榜、卡思数据等短视频榜单时，平台运营想不注意到你都难。

我之所以能够接触到百家号的运营，就是因为EyeOpener有幸在新榜一期PGC榜单里进入了总榜的Top10。没过几天，百家号的运营人员就致电过来了解我们的运营状况，并给了很多十分宝贵的反馈意见，EyeOpener也因此在一年时间里粉丝量便突破了40万名。

当然也有特殊情况，特别是在编辑权重比较大的平台，好的内容是有可能被暂时埋没的。如果你或团队对自己的内容足够自信，且身边的所有朋友（包括专业人士）都认为你的视频很优质，但是播放数据一直很惨淡，不妨通过后台的反馈渠道将疑惑和具体状况反映给平台方。

很多创作者和初创团队的运营人员可能不知道，多数平台的后台都有客服、反馈功能，虽然与中后期精细化运营的定向运营人员互动模式不一样，但这个功能确是新账号接触平台运营人员、获取账号运营反馈、解决账号运营问题最快捷和有效的入口。

◇ PUGC[①]和PGC做好渠道运营的必要性

有价值的UGC成长到一定阶段后，要么会扩充人力进阶为PUGC或PGC，要么会被MCN收编，这是因为中国短视频分发渠道众多、工作量巨大，根本不是只凭一己之力就能够坚持下来的。

尝试深耕短视频领域的外行企业负责人，以及不了解视频生产细节的传统图文自媒体人往往很难理解：为什么短视频运营那么耗时间？为什么人员计划表上还得单独安排到个人。

因为就算是同一个标题、同样的标签、同样的封面、同样的描述、同样的分类选择，把一个2~3分钟（压缩后通常在80~150MB之间）的视频全部上传到二十多个平台，至少需要3个小时的时间。

更何况，在内容运营过程中，每个平台因为定调不一样、

① Professional User Generated Content，即“专业用户生产内容”或“专家生产内容”，互联网术语，指在移动音视频行业中，将UGC+PGC相结合的内容生产模式。

标准不一样、用户和粉丝构成不一样等，所以，在推送的过程中包括视频本身的规格（比如西瓜视频鼓励16:9比例的高清视频，抖音则对9:16的竖屏内容更友好，而小红书则主推1:1和4:3的视频）、标题、封面等都得因平台而异，工作量之巨大就不难想象了。

也正是因为平台规则的多样化，PGC和PUGC应该尽早有专人来做好渠道运营——通过与不同平台的运营人员保持良好关系，可以第一时间获知平台政策变化，及时了解账号深层的数据信息，进而针对不同渠道去策划和制订不同的内容生产策略和运营策略。优秀的渠道运营能力可以让账号成长更高效、更健康、更精致、更有价值。

2019年2月18日到24日，EyeOpener已稳坐PGC视频新榜生活百科类的第一名（全网总榜第十名）。实际上，EyeOpener至少蝉联了六期PGC生活百科类冠军，且早在2018年6月份，指数就高达910.4，位列总榜第八名。

经过近三年的积累，EyeOpener成为多方认可的成长最快的知识类账号。截止到2019年10月，全网播放总量9亿+，粉丝总量1000万+；获得的平台认可包括：今日头条认证优质教育领域创作者、大鱼奖金连续13个月获得者、优酷最受粉丝喜爱创作人奖、U创大奖年度优秀合作伙伴、2018年提名“百万年薪”项目、微博签约自媒体、皮皮虾科普视频创作者、Bilibili知名科普UP主、抖音认证优质视频创作者、全民小视频优质作者认证和网易云音乐泛生活视频达人等。

三年来，EyeOpener账号从零做到现在，虽然算不上十分优秀，但实际上也已经远超我的预期了，这三年也是我个人成长最迅速的三年。

下面跟大家分享，EyeOpener成长过程中的一些具体经验心得。

团队搭建与成长历程

◇ 机缘巧合，设立账号

注册EyeOpener的机缘很巧合，也很随意。2015年底，在和一个媒体老师一起吃饭时，他跟我说他有朋友在做自媒体，特别是在头条号上，流量相当可观（彼时字节跳动还未在短视频领域发力），让我闲余的时候可以关注一下，于是我就注册了EyeOpener头条号、微信和微博。

虽然不是最早的那一批，但从中国短视频成长史来看，EyeOpener确实属于“早鸟”了。

我在英国上学的时候就养成了逛艺术博客“Bored Panda”和“BrightSide”的习惯，喜欢观看世界各地的各种脑洞创意和奇闻轶事。所以一开始，EyeOpener的内容就是我看到的有趣内容的图文整理和汇总（实际上，早期很多在微博上成长起来的文化号使用的就是这个套路），因为多半是图文，所耗费的心力不大，虽然阅读量可圈可点，但数月之后，我就发现了自己的瓶颈。

2016年初，我看到今日头条开始主推短视频，于是我就想：是不是可以分享一些我觉得有趣的视频呢？

做EyeOpener的初衷绝对不是为了经济利益，而纯粹是爱好，觉得有意思。因为在接触自媒体之前，我们的社交多集中在微博、微信这种以亲友或“圈友”为主的小圈子里。但是，通过头条号、企鹅号等分享的内容，多的时候甚至会有数十万人关注、互动，这是很令人惊讶、也很有趣的一件事情。所以，在工作之余，我每天会花好几个小时进行内容更新。

◇ 为什么EyeOpener会做泛科普视频

2017年初，今日头条开始大力推动原创。到当年4月份的时候，我们虽然靠搬运、分享已经积累了数万粉丝，也积累了一定的运营经验（包括如何选内容、如何起标题、如果做封面等），但在认真思考了国内短视频行业状况和进一步研究总结了YouTube大V（“V”意即贵宾账户vip，通常粉丝量在50万以上博主被称为网络大V）们的制胜因素后，我下定决心，要好好规划一下EyeOpener的方向和内容。

我本身最大的特点（可能也是强项）是求知欲强烈，且乐于根据问题找原因。比如当我的室友因智齿发炎疼得乱叫时，我脑袋里就会浮出一个个疑问:“为什么会疼？”“人为什么要长智齿？”“为什么那么多人会选择拔智齿？”

然后，我会动用谷歌、百度、搜狗等搜索引擎以及维基、知网、Elsevier Science等智库去获取答案。

没事儿的时候，我也喜欢涉猎一些世界之最，比如“世界上最高的人”“最危险的动物”“最脑洞大开的设计”……当时我就想，或许可以根据自己的喜好和特长来试试做泛科普和泛知识类的视频。

我在YouTube上研究了一圈泛科普类账号，结果证明在英语世界里这个方向的可行性，所以我便毫不犹豫地开始了泛科普方向的创作。

我做的第一条配音视频“人死后埋到土里，身体发生了哪些变化”就火了，单条有3716.8万推荐，513.8万的播放量，转发和收藏也都在万次以上。不到一个月时间，我们就拿到了多平台的原创认证，此后数据一路走好，我也乐此不疲地持续上传视频。

虽然现在再去复盘早期的视频会找出很多瑕疵和问题，但EyeOpener早期视频奠定的整体结构和调性一直沿用至今。

◇ 什么时候开始从UGC转为PUGC的

尽管EyeOpener账号到今天数据相当可观，但从商务运作的经验和能力来看，它远不及那些天生带有PGC基因的团队。所以虽然多个第三方机构都会把EyeOpener与其他PGC账号做对比，但我始终认为EyeOpener只能是慢慢变得比较专业的UGC，也就是PUGC，离成熟的PGC还有一定距离。

那么，EyeOpener是什么时候成为PUGC的呢？我自认为是当制作和运营实现流程化运作并稳定运行的时候。

到了2017年下半年，我明显感觉到心有余而力不足了。一方面要保证内容稳定输出，另外一方面还要想办法不断提高内容质量；此外，还要尝试和验证层出不穷的运营套路。我和妹妹两人经常一天除了吃饭睡觉，其他全部时间都用在EyeOpener的生产和运营上（每天至少13个小时），虽然数据反馈很喜人，但毕竟工作量很大，再这样耗下去，身体迟早都会出问题。

当年8月份，EyeOpener开始有了相对可观的广告分成（1.5万/月以上），我于是开始尝试招贤纳士。尽管当时条件比较差——我在北京昌平区的天通苑地区租了一个很小很破的民居。但招聘过程还算比较顺利，我们现在的主文案和主剪辑都是一路跟着到现在的，而且当时我给的薪资真的很低，大概是我的激情感染了他们吧。

总而言之，我很快找到了三个非常靠谱的员工（两名剪辑、一名文案），在对他们进行了相应的培训之后，不到半个月的时间，EyeOpener就实现了流程化运作，活似一个小型媒体机构。具体流程包括：选题—策划—撰写—复核—配音—选材—剪辑和后期—审片—发布—运营。

人力资源的加入使得运营和制作都更加精细化，不但保证了更新周期的稳定，而且还在一定程度上提升了视频的质量，这大大减轻了我在具体生产中的负担，我也因此有更多的时间去研究制作和运营的新方法。

EyeOpener的运作规模从两个人扩大到五个人后，短短3个月的时间，仅头条的粉丝量就涨了30万，且经济上基本可以实现盈亏平衡。至此，EyeOpener才成功地从UGC状态过渡到了PUGC的运作模式。

◇ 关于融资

EyeOpener的成长过程应该是比较有特殊性的。从行业内的各种报道中可以看出，绝大多数头部短视频账号都是先融资，然后迅速搭建团队，账号成长与商业变现两不误。当然，其中有成功的，也有失败的，至于成功率如何，难以统计。如果有机会接触到资本方，内容、创业、融资都是值得细思的事情，切不可一时冲动。

运营实操经验

在互联网出现之前，很多行业都是没有运营概念和意识的。新媒体出现之后，运营的重要性日益凸显。有效的运营可以助推内容实现最大化的曝光和增长。短视频发展到今天，运营暂时可以细化到三个维度，包括内容运营、粉丝运营和渠道运营。

短视频制胜的核心是内容。为刺激（引导）用户主动点开视频，主动参与视频的转、评、赞，内容运营起着不可忽视的作用。

作为新媒体运营的分支，短视频内容运营同样可以参照新媒体运营的技巧和套路，比如蹭热点、蹭话题、磨标题，等等。“一篇文章要取100个可选标题”，这种说法毫不夸张。但由此可见，标题真的非常重要。

相对于图文新媒体的运营，短视频内容运营的发挥空间更为狭窄。短视频内容运营无须排版、校对和优化，所以关键点就在于对标题、封面图片、描述和标签的制作。而且多数平台都在逐渐简化流程和机制（在快手、火山、抖音等平台，描述和标签已被取消），所以主要部分的制作基本就只剩下标题和封面了。

但千万别小看这简单的几个部分，因为用不好可能会埋没好视频，用好了则可以成为爆款视频的催化剂。

优秀的内容运营可以起到四两拨千斤的作用，不仅可以准确提炼视频“亮点”，吸引用户参与视频内容的互动，增强和巩固IP，甚至还能反哺视频内容的生产制作。

◇ 准确提炼视频亮点

决定平台是否会逐层扩大地推荐一个短视频的关键数据，是视频的点击率和播放率。后者是对视频创作层面的要求，而前者往往取决于内容运营者的能力。决定点击率高低的恰恰是标题与封面是否足够吸睛。而**能够吸引眼球的绝对是精确提炼**

过的、不偏离主要内容的、能够勾起用户求知欲和好奇心的“亮点”，绝不是大而空、冗长乏味的“主旨”。

标题如此，封面也是如此。

实际案例

案例1.“萝严肃”头条号上一篇关于《我不是药神》的影评。数据如下：

	标题名称	推荐量	阅读量
第一标题	他当然不是药神，我们都是普通人而已	64448	1981
第二标题	豆瓣7万人打9分，中国终于也有了属于自己的超级英雄电影	1325165	186236

第一标题虽然简明，但大而空，缺少电影、中国等关键信息，机器很难判断内容所属领域，用户也很容易感觉不知所云，不会有点进去查看具体内容的好奇心。

相比之下，第二格标题就充满了亮点，豆瓣7万人打9分，这是非常罕见的数据，具象且充满吸引力。中国与超级英雄电影本没有直接关联，但作者巧妙地用超级英雄喻指《我不是药神》这部电影的口碑，让读者忍不住想要点进去一探究竟。

案例2. EyeOpener头条号一条推荐生活实用小物品的视频。数据如下：

	标题名称	推荐量	播放量
第一标题	6个关键时刻能救命的小杂货	89.6万	13.7万
第二标题	6个别有用处的东西	7.9万	1.7万

第一标题不仅指明了“杂货”这一关键词，更突出了这些杂货的具体功用——“关键时刻能救命”，充满了吸引力，对这类内容感兴趣的人很难不点进去。

相较之下，第二标题里的“东西”和“别有用处”都是很普通的词汇，不仅算法无法准确定位，更无法吸引观众。

案例3. EyeOpener头条号科普短视频“中国为什么没有F1车手？”。双封面数据：

	封面图片	推荐量	播放量
第一封面		864.6万	100.9万

第二封面		2.2万	0.5万

起标题和做封面是一门需要长期训练和研究的学问。截止到2019年2月份，国内主流的短视频平台中，今日头条、百家号和爱奇艺等，在账号达到一定级别后可以开通双标题、双封面功能，这是研究标题和封面方法论的良好比对工具，建议创作者们合理有效地利用这一工具。

此外，头条的金秒学院和进击课堂、大鱼号的大鱼号助手、爱奇艺学院等都推出了大量干货满满的内容运营技巧，值得所有对短视频运营感兴趣的人深度研读和学习。

◇ 吸引用户参与视频内容的互动

解题类视频之所以能够有这么好的数据，是因为这类视频自带强互动属性。在内容运营过程中，这类视频通过标题的设问引导，诱发观众参与对内容的探讨和答案的猜测，所以评论数通常会高于其他类视频。当机器监测到一条视频“转评赞”

的数据很高时，再结合点击率和完播率的表现，就会推荐给越来越多的目标受众。

总结起来就是，在内容运营过程中，我们要学会巧设问句，制造悬念，引导用户深度参与。

这种技巧同样适用于某些既定领域和话题，比如EyeOpener做过一期头发变白原因的科普视频（见表4-1）：

表4-1　EyeOpener B站“头发变白原因”科普短视频双标题数据

	标题名称	推荐量	播放	评论	转发	收藏
第一标题	黑头发是怎么变白的?秃和白，你选哪个?	35.5万	6万	131	155	209
第二标题	头发为什么会变白？到老一定会变白吗?	29.3万	4.7万	63	78	121

第一标题的推荐量只高出了第二标题约20%，播放量却高出了28%，评论量、转发量和收藏量更是达到了两倍左右。二者唯一的区别是标题一中多出了“秃和白，你选哪个”这一互动引导语。

◇ 数据反哺视频内容运营

运营数据一方面可以反映运营状况，另外一方面也会反哺视频的生产环节。虽然短视频的核心是内容，但如果没有有效的运营策略，不断对内容进行策划、试验和迭代，是很难快速成长起来的。这也是前面说的很多传统电视人、电影人会在短视频领域到处碰壁的内在原因。

内容运营应该通过对触达率（推荐数据）、点击率、完播率、用户反馈等信息进行实时监测和分析，并将综合意见和建议反馈给视频的生产环节，及时调整视频内容，使得内容更受观众和粉丝喜欢。

我在内容运营上的很多方法论就是通过对EyeOpener数据的不断分析和研究得出的。

比如，我们前面提到的《解题时间》栏目，很长一段时间内，这个栏目在头条上的播放量在10万~20万之间，突然有一期播放量剧增。通过对内容的分析，我发现，我们在制作这一期视频的过程中，在末尾设置了一个开放性但极具争议的话题，瞬间引爆了粉丝的讨论和互动。

受此启发，我们在之后的内容制作中都做了相似的设置，并且屡试不爽。

内容运营的技巧远不止以上这些，且很多方法会因为平台机制的变化而失效。以上案例是举用头条平台上的案例，而换到快手平台，这一方法就不管用了，甚至会取得截然相反的效果（我们在后面的章节中会细述）。

但整体而言，内容运营者一定要保持清醒的大脑和敏锐的洞察，因为随着平台自身的演进，以及越来越多创作者的加入，运营技巧将越来越丰富。始终保持内容创新和敏锐思考，才能催化出更多爆款视频。

◇ 运营经验分享一

你以为的不一定是对的。前面说过，EyeOpener在2018年初主推的《解题时间》栏目在当时并不被看好，但是播出之后却受到了用户的欢迎，相关数据远超其他同类泛知识类节目。

受欢迎的内容不一定就是你认定的最好的内容——每个人对有趣、有料、有用的判定都是不一样的。建议大家在考虑内容的时候要集思广益，不要武断地下结论。

◇ 运营经验分享二

稳定更新周期。我们常说的更新周期不单指更新频率，还包括更新的具体时间。更新时间问题已被许多人讨论了无数次——10点、11点，20点、21点似乎是很多人尊崇的“黄金分发时间”，但实际上，这是因账号和平台而异的。

EyeOpener每天更新视频的时间基本稳定在17点~18点之间，原因是我们通过数据监测（多个平台的后台都可以查看）到粉丝的活跃时间集中在20点~22点之间。（如图4-3）

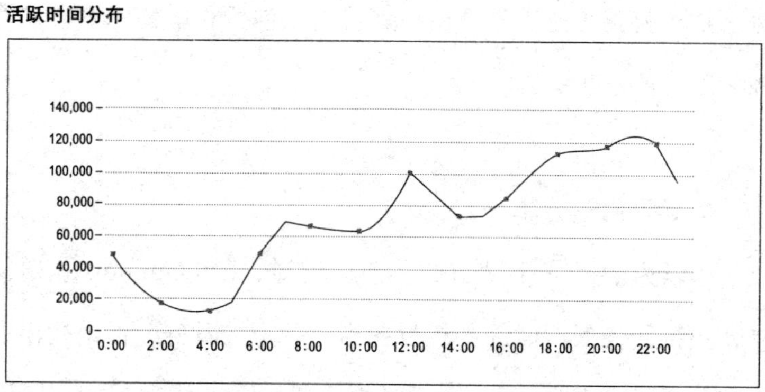

图 4-3 今日头条粉丝活跃时间数据截图
（截取时间为2019年3月09日）

之所以会选择在17~18点之间发布，是因为机器算法通常需要两个小时的时间分析内容，而真正大规模地推荐给粉丝和非粉丝用户时差不多就到了20点，所以我们会选择在这一时间段上传视频。这样做可以让该条视频有更大的机会被活跃粉丝及时看到，活跃粉丝互动和好评的概率会增高，视频也会因此获得更多的曝光和推荐。

另一方面，固定推送时间还可以增加粉丝黏性，如果粉丝在信息流里没有第一时间看到，他们便可以进入主页入口查看。

说了这么多，其实最重要的还是执行，在短视频的运营规律中，很多心得和体会都是非常细微的，它可能来自每一次推送后对评论区反馈的及时捕捉，还可能是观察播放量的增长曲线而得出的。

现在，有很多短视频培训班或行业群会帮助大家观察同行，并鼓励大家交流心得分享。要知道，这个行业其实没有秘密可言，真正的秘密都在执行里。但是，对于有执行力的人来说，可能别人换个角度的思考就能一下子点醒你。

所以，时刻保持觉察，并和同业多进行交流，是我们提升短视频运营技巧的不二法门。

BECOMING HIT MAKERS

How to Catch up with the Short Video and Live Streaming Trends

人人经济学：
不可逆的短视频与直播浪潮

第五章　面向未来的经济趋势

5.1 短链路时代下的瞬时文化

在短视频的具体语境中，如果你在3秒钟内不能抓住用户的注意力，那么你就会永久地错过他们。这个语境下的受众已经被同化成了及时享乐的习性，喜欢追求瞬时的情绪刺激，每一帧、每一句台词，都浪费不得。

《纽约时报》写过一篇文章专门阐述这种瞬时文化——我们可以通过谷歌，在一秒钟内就获得想要的答案，媒体绞尽脑汁想互动，创作者们希望发布完作品就立刻得到反馈，图书网站的销售排行也在实时刺激我们的购买决策……这个世界的速度已经快到疯狂。

许多传统媒体人在不遗余力地抨击这种瞬时文化，然而，历史的车轮从不会后退。更高的效率和更直接的刺激，一直都是人类进步的一大诱因。

人类碎片时间的价值被充分利用，这未尝不是一件好事。

有的人用碎片时间阅读毫无营养的网文，有的人却用碎片时间多背了几个单词。所以作为创作者，只需要想办法提供那些能在瞬间产生阅读和观看价值的内容即可，对的人自然会找上我们。

互联网技术的发展使得我们的时间和注意力被切割成碎片，与此同时，我们对于兴趣点的要求也比以前更高。有一部非常经典的电影，时长长达7个小时，但是在茫茫的经典海洋里，如果我们连它的名字都记不住，又怎么会去观看它呢？

我们处在一个信息爆炸的时代，可供阅读的信息穷尽我们一生也无法悉数阅读，越来越少的人愿意花费巨大的时间成本观看一个7小时的电影。因此，经典要想走到更多观众的眼前，也需要被不断取舍和压缩。

如今，各大视频平台被启用最多的功能就是倍速播放，可见观众的耐心已经被消磨得差不多了。

兴趣点越小，反馈时间越短，我们的决策链也就越短。以前购买一个家用电器，可能要攒很久的钱，四处比价后才会购买，现在人们变富裕了，有了更多的可支配收入，价格已经不是最重要的决定因素了。

因此，如何在短时间内吸引客户的注意，传递产品优势，成了所有商家急需解决的问题。这是如今这个时代馈赠给我们的挑战和机遇，每一个人都应该思考如何去抓住它。

短视频是能够在短时间内传递大量信息的媒介形式，用户数的增长速度联动商业价值增长的速度令人咋舌。这个时代要求我们拥有更细致的察觉，更敏感的同理心以及更强大的执行力，同时还需要时时警惕各类人群的特点和习惯。

中国的人口基数大，随便一个细分领域的人群都会有亿万级的市场，如何去抢夺这个市场，是每一个互联网运营人都不得不思考的话题。短视频这种媒介形式，是拥有最多重合用户标签的媒体形式，它还远远没有真正展现出它的威力。

5.2 知识付费时代，在线教育能否成增长新风口

根据Mob研究院最新发布的《2019下沉市场图鉴》，下沉市场用户的规模已经达到了6.7亿，占据超过一半的市场规模，并且用户时长较长，是流量增长最强的点。

下沉市场的用户，虽然普遍月收入小于5000元，但因为生活成本低，实际的可支配收入却不容小觑，其中互联网作业辅导类视频的规模，便占据了整体市场的70%。

2018年年底，中国青年报的一篇《这块屏幕可能改变命运》在网上引起了轰动，文章描述了在线教育对我国贫困地区教育的改变，极为振奋人心。在线教育也是我国教育信息化战略的出发点，有可能是解决教育资源分配不公等深层矛盾的唯一手段。

然而网上的悲观观点却有很多，舆论普遍认为教育不仅仅

是传递知识，更需要人力管控和言传身教才能达到最好效果。

这样的观点在专业运营人员看来，就是逻辑混乱的诡辩了，我们需要先扩大信息的传播量，才有可能谈论内容和运营方式的改良。短视频平台+教育，必然是增长的新风口。

◇ 网上公开课，全世界都很火爆

最初的互联网教学视频是由耶鲁大学、哈佛大学等世界著名学府发起的，并在全世界范围内掀起了远程教育之风。

如今，在中国发展得最好的是MOOC（幕课网），MOOC的学习者主要分布在一线城市和教育发达城市，它是拥有主动学习习惯的人的首选在线教育方式。

“国民教授”戴建业因为上课语录被剪裁成短视频上传到网络而意外走红，被《人民日报》、共青团等多次点赞。传统教育环境下只有很少人知道的名师，以短视频、直播等形式被大众熟知，这对提高教育水平来说也是有所助益的。

◇ 闷声发大财的基础教育辅助工具

一些年轻的博主和从业者总喜欢追求最高难度的内容产品，殊不知，在像喜马拉雅和蜻蜓FM这样的平台上，最受欢迎的课程不是针对成人的音频节目，反倒是幼小衔接的认读课程、汉语拼音课程、英语基础课程等更受大家的喜欢。因为这些音频节目大大解放了父母的时间，许多家长都会用这样的音频节目去引导孩子学习。

喜马拉雅是国内最大最优的教育内容提供平台之一，特别是在儿童和外语教培领域，拥有着坚实的版权壁垒和顶级的内容制作能力。

良好的销售数据可以让我们重新去思考——流量真正的增长点是不是就在那些我们并没有注意过的微小处，那里面才是蕴含财富的宝地。

◇ 生活技能类、职业成长类视频的春天

在抖音上，有非常多的生活技能类视频，比如剥开水果的奇妙小招、如何收纳、如何穿搭等等，但人们实际生活中的需求还远远没有被满足。这一垂直领域前景广阔，可以说任何从事衣、食、住行业的人都可以考虑通过短视频的方式去扩大自己的知名度，捕捉用户需求。

与此同时，职业教育类视频也远远没有满足市场所需，目前用户的习惯还是以短时间的碎片化娱乐为主，但是我相信等用户视觉疲劳以后，迟早会回归到职业和个人成长上来。

◇ 对下沉市场充满敬畏

下沉市场用户们的消费升级信号早已被商家捕捉到，他们的求知欲也在增强，用他们可以理解和接受的水准去制作教育方向的内容，必然会受到下沉市场用户群体的追捧。而目前无法“下沉”的内容，最根本的问题在于其呈现方式并不是下沉人群真正理解的语言方式和需求点。

无论是“三农”方向的技能型短视频、直播，还是基础知识的传递与科普，都需要内容创作者真正地“从农村中来，到农村中去”。

5.3 “短视频平台+电商”解锁千亿级新赛道

优酷在2016年打通了阿里系资源后努力推广“边看边买”功能，但收效甚微，即使是“罗辑思维”来卖书，“暴走大事件”卖周边，数据也都很一般。头部运营都比较困难，更何况腰部和尾部的运营者。

但是这一瓶颈在2018年被快手率先突破。

2018年6月，快手和有赞达成战略合作，推行“人人都能开店”服务，他们在公示里写道：

1. 快手APP将新增“快手小店”，每个主播都可申请开店；
2. 快手作品区域将展示商品，商品来源于合作的有赞商家店铺；
3. 快手主播可直接引导粉丝查看推荐商品；
4. 点击入口“去看看”，从快手APP内直接进入有赞店铺；
5. 快手和有赞实现用户账号互通，快手用户可直接购买。

相对于抖音购物车权限的高门槛，快手更亲民，更简单，也更接地气。尤其在推荐算法上，抖音的首页更像是千人一面，而快手的首页则是千人千面。这样的方式可以让腰部和尾部流量主快速获得收益。

与拼多多异曲同工的是，网红在某种程度上其实是粉丝们的朋友，是值得信任的人，所以通过信任去卖货的威力，被直播模式无限放大了。

对于视频主来说，电商化最大的痛点在于视频主自己没有选品、上架、售后等电商运营能力，要是雇用专业人士，成本又太高，就算做了，观众也不一定掏腰包，这在逻辑链上是无法闭环的。只有那些本身就是做电商出身的淘宝卖家，在精通视频运营的前提下，才能杀出一条血路。

短视频领域变现最容易的莫过于美妆博主了，其中的佼佼者李佳琦更是现象级的存在。李佳琦的魅力在于他有着出色的镜头表现力和性别差异化的美妆奇效，他兼具男性视角和女性细腻的双重魅力，并且很会靠“世界吉尼斯纪录”这样的噱头让基层群众感到好奇。他不管是给哪支口红打广告，效果都是浑然天成。

然而，大部分人不会在一个细分领域做到如此极致，但是要想在自己的节目中巧妙地设计和插入更多的广告，就需要对产品有深入的了解，找到其中和自己气质相吻合的点，精心策划台本。

微博博主“你好竹子”就堪称良心广告主，每一支广告，她都精心设计和编排，并与粉丝分享自己的真情实感，自然地融入广告，导致即使是广告视频，也丝毫不影响粉丝的好感。

打开视频的评论区，大部分粉丝对她的评价都是“真实”，而这种信任的威力是巨大的。未来会如何，我们不得而知，但是在当下，它实实在在地冲击着旧有的销售方式。

5.4 短视频vs 直播，瞄准红利窗口期

目前，头部短视频平台都兼具直播和短视频业务，但有不同的侧重点。无论是短视频还是直播都兼具社交性和场景性。短视频符合当代人碎片化浏览习惯，可以将商品的特性在短时间内集中展现，而直播带货更多取决于粉丝黏性以及对于购买氛围的营造。

直播带货在2019年达到了巅峰，据同花顺财经报道，2019年“双十一”全天淘宝直播带动成交近200亿元。其中，亿元直播间超过10个，千万元直播间超过100个。“双十一”启动仅63分钟，淘宝直播带动的成交额就超过去年“双十一”全天，开播商家数和开播场次同比均翻番。[①]

但是带货，一直是直播里不入流的变现方式之一，因为在

① 参考来源：《2019年“双十一”淘宝直播带动成交近200亿元》。http://baijiahao.baidu.com/s?id=1649998240484885766&wfr=spider&for=pc

直播界，被土豪打赏送火箭，似乎要更直接，更体面，更能彰显主播本身的内容魅力。

在电商平台里做内容，就更是从未被看好，某大平台三四年前就和某知识付费头部导师合作直播卖书，几百万的流量讲了一小时的书，只卖出去十几本的惨烈历史一度成为行业笑谈。

而2019年的淘宝直播，竟然凭借“双十一”的天然高起点基因，完成了一次对短视频带货的弯道突袭。

淘宝直播一哥李佳琦在“双十一”期间18天里上了16次新浪微博热搜，热度已经超过了许多二线明星。顶级流量鲜肉们也纷纷争抢着去他的直播间做客来蹭热度，可以说，2019年是直播电商的巅峰年，而2020年，疫情更是为直播行业按下了加速键，我们进入了“人人皆主播，万物皆可播”的全民直播时代，大众隔离在家开始选择在短视频平台上看直播，云学习、云开会、云蹦迪、云购物、云旅游等等，大众突破了自我与公众之间的防线，打破了第一次面对镜头的尴尬，越来越多的人通过视频产生深度连接。

随着5G的来临，可能一切才刚刚开始。如果不对直播电商保持高度的敏感，就会丧失一次又一次红利的机会，每一次红利的窗口期，往往只有3个月。

消费者的购物习惯被彻底改变。直观地从直播里看到主播在演示和讲解产品，并且以极度诱人的价格与大量赠品，加以瞬间售罄不断加货的压迫感，使十几年前的电视购物魅力在新的互联网时代再一次大放异彩。

究竟是什么样的消费者能够在短视频和直播时代被吸引呢？正善牛肉哥团队的李荣鑫老师和我们分享道：

1. 更加慵懒的用户；

2. 更加贪图短期满足感的用户；

3. 更加贪图感官刺激的用户；

4. 据2019年末抖音官方披露，有30%的用户手机里从未安装过淘宝APP。

第4点震惊了在场的听众，大家从未想象过在这个时代究竟谁还能手机里没有淘宝客户端，然而，中国人口远比我们想象的多、想象的复杂。

而对于当下的直播电商环境，正确的打法已经不是传统的头部广告费的打法了，知名主播的坑位费和高佣金是绝大多数品牌承担不起的。头部主播的坑位费在“双十一”期间，已经达到了50万10分钟，而佣金常常是30%以上，某化妆品和主播深度绑定，甚至给出了100%的佣金。

什么样的品牌适合去尝试直播电商呢?

高频次使用的生活家居用品，单价不超过50元。

直播电商平台目前还在行业发展初期，信任度还没完全建立起来，所以单价越低下单意愿越强烈，和淘宝初期的发展规律是一模一样的。当然也有例外，棱镜栏目报道过徐蒲坦村的拖拉机经营者们，他们一天内通过快手卖了数十台拖拉机，而粉丝量，只有一两万。[①]

动辄报价七八十万的头部网红，并不能保证持续的数据和曝光，一旦内容的完播率和互动量低于预期，平台就会减少对单条视频的推广，因此风险极大；直播和短视频的去中心化使得腰部KOL们有更多的希望晋级一线；对于品牌方来说，广撒网式的素人投放，是产生奇迹的常用路径。一则试色眼影的素人视频给橘朵带来了单品50万元的销量，一则扔书的普通视频也使得《皮囊》一个月加印了10万册。

传统甲方无论如何也不能理解这种普通视频的爆红逻辑和

① 参考文章《我在快手卖拖拉机》http://baijiahao.baidu.com/s?id=1649545273912071759&wfr=spider&for=pc

商业性时，泡泡面膜和一款维E乳已经以最快的速度开始在短视频世界里疯狂捞金了。

一款好的产品，能凭借自身的特点走红，就会有无数刚刚试水的创作者，愿意取用为素材去创作，而一个产品也只有足够优质，才有可能在花费时间精力金钱去推广了一波之后，继续有口碑发酵和高黏性的复购去产生长尾利润。

否则光依赖直播间里主播的吆喝和促销而卖掉的产品，只能算是清了库存罢了。

对于要对接主播的运营同学来说，也要注意，因为行业不规范，所以有无数的坑要注意避免。比如买DOU+买不进热门时，是不是可以换个设备换个账号去购买；比如主播是否认真负责，自己体验和使用过产品还是只是单纯背稿子？比如产品的退货率是否过高，如果非产品本身问题或者虚假宣传的话，是不是主播在呼吁粉丝团刷单做数据营造虚假繁荣？

这个行业才刚刚起步，随着5G通信的完善，直播和短视频会进一步侵入我们的生活，到那时候边看边买，内容电商行业将迎来新的爆发，所以谁先研究出这个行业最新鲜的秘密谁就能吃到最大的红利，现在入场，你一定来得及。

5.5 5G登场，短视频+直播将迎来新一轮大爆发

作为世界互联网大会的重要理论成果，《世界互联网发展报告2019》于2019年10月20日在乌镇发布。报告显示，预计到2035年，中国5G价值链总产出将高达9840亿美元，创造就业机会950万个，高居世界第一。

5G技术意味着什么呢？微博上一名叫“老师好，我叫何同学”的大学生做了一期评测视频，震动了全网。除了他的视频内容过硬，节奏以及逻辑都堪称完美以外，我们可以看出大众对这个话题的需求有多么旺盛。

大家这么关心的原因，无外乎技术的革新能为我们的生活带来什么样的变化，以及有什么赚钱的机会。

4G技术的迅猛发展使短视频彻底爆发，那么5G呢？何同学在结尾处说了一句非常有意义的话：“希望五年后再看到这个视频时会发现：速度，其实是5G最无聊的应用。”

国际电信联盟在2018年6月定义了5G三大典型应用场景：增强移动宽带、大连接物联网、超可靠低延时通信。这就意味着5G+智慧城市的可实现性：超清安防监控、自动驾驶、智能配电等设施都会发生技术性改革。

而在内容文娱行业、虚拟购物、沉浸式网游、沉浸式教学和体育赛事直播都会切实地改变我们的娱乐体验。到那个时候，流畅和短平快将不再是运营人员最需要考虑的用户需求，他们会尽可能地充分调动用户的感官，营造最厉害的沉浸式体验。

有一个著名的沉浸式话剧——“*Sleep No More*（《不眠之夜》）”，它一度在一线城市爆火。观众可以自由行动，置身整个舞台场景中，围绕着演员们，跟着他们一起奔跑，倾听他们的对话，推断剧情发展，寻找答案。这种别开生面的演出方式使得这出话剧一票难求。

人们越来越需要这种有参与度的游戏和演出，许多定制化的桌游室都有开设“剧本杀”项目，也产生了互动式电影这样的娱乐内容，由观众自己来帮助主角做选择，而选择不同，便会有完全不同的故事线和结局。这种高度参与的娱乐内容很可能在5G时代真正到来时改变短视频和直播行业，用户与博主的互动将不仅仅局限在点赞、转发、评论等这些浅层互动的模式，用户会希望直接参与到内容产生的源头和当下的体验中来，这究竟会怎么实现，我们拭目以待。

但可以确定的是，对于信息单方面输出的内容，无论是图书、报纸还是博文、杂志，都因缺少互动性而被市场抛弃了，所以任何一个创作者最需要关心和考虑的问题，应该是如何长期良性地和观众保持互动，有效链接，选好一个开放式赛道。

参与感是互联网用户永恒的需求，在名著《小王子》这本书中，狐狸对小王子说："正因为你为你的玫瑰花花费了时间，才使得你的玫瑰花变得如此重要。"**只有让用户为你的产出付出心血和时间，他们才能真正地追随和信任创作者。**

5.6 抢占国民总时间的秘诀

“国民总时间”这个概念是罗振宇首先提出的。在2016年9月份“势能创作”深圳站的演讲中，罗振宇提到时间才是真正的战场，如今国民总时间在不断被各种各样的碎片化阅读和浅层次产品剥夺。

谁能够抢夺用户每日的碎片化时间，谁就能成为这场战斗的赢家。

◇ 从“中国新说唱”看营销必杀技

有人问我,《中国好声音》能火多久呢？他能火到《中国新说唱》(原节目名:《中国有嘻哈》) 出现之前。

从《中国有嘻哈》开播追到现在，对每一个细节、花絮以及相关文章都了如指掌的我，会根据所有已有素材去尝试倒推节目组的营销方案和制作脚本。这种行为在影视行业从业者看来叫作“拉片”，就是根据每一帧的画面倒推编剧的剧本是怎么写的。同时，这也是获取最机密、最核心、最前沿的行业资讯最快的办法。

一、碎片化传播引爆

很多人把《中国有嘻哈》的成功归结于“你有freestyle吗”的表情包爆火，其实这样说太片面了，且不利于学习和模仿。真正的解释应该是：

拿碎片化的亮点去带动整个节目的突破。

它适用于一个节目，一本书，一部电影、电视剧，甚至一项产品。

比如以好词好句摘录的模式，将书籍和电视剧的精华片段做成微博九宫格的形式去传播，用破折号带出出处，不但完全不像广告，还会引人传播和转发，而且能营造出一种“这是一本经典名书，不然怎么会被人摘录”的错觉。

2017年爆红的电视剧《我的前半生》，用的就是这种套路，一大堆公众号疯转的“50句我的前半生台词，字字戳心，句句带泪”，几乎勾起了所有人的观看欲，人的本性是懒惰的，不想消化太复杂的东西，你做成集锦精华，是最容易穿透流量墙的内容呈现方式。

二、鬼畜剪辑功不可没

在微博上，大家都在“吐槽”《中国有嘻哈》的剪辑师，一开始我也很不习惯，觉得好好的节目你就顺着剪就好了，为什么要不停地回放、反复呢？但是当我看到第六期时，懂得了剪辑师的用意。

这档节目的受众是对音乐圈一无所知的观众，要想引导他们了解一场比赛背后的暗流涌动，就只能通过回放加强刺激。特效加字幕加回放，会让无感的人有感。这对于中等程度的观众和资深观众来说确实有些无法忍受，但是对于新用户，如果不这样强调，他们是无法观看下去的。

Bridge① 在采访中这样预测冠亚军：“第一名GAI②，第二名Bridge，第三名不关我的事。”这句话可谓全场最佳，而这段剪辑配的特效更是神来之笔，笑得我肚子痛了好久。

我在一篇《中国有嘻哈》制作团队的采访中看到，一部电影的片比时大约是3:1或者4:1，而中国有嘻哈的素材比是2500:1，这是多么可怕的比例啊，我晒自拍都没有这么大的耐心。

---

① 中国说唱男歌手。

② GAI，本名周延，中国嘻哈说唱男歌手。

为什么剪辑的时候会对准选手的面部，因为每一个画面背后都是有原因的，把这些选手的特点发挥到极致，再用镜头串起来，就是一段相爱相杀的故事，而把其中的某个画面一卡，就是一个表情包，为后期网民们的激情创作提供了索引原材料。在营销手法中，这叫“埋梗”。

三、精准到极限的卡位

《中国有嘻哈》的节目组说，传播的第一要务就是“诉求单一”，内容越单一，传播越精准。

《中国有嘻哈》的总导演车澈说，他做节目的理念就是“要做小众文化的大众制作”。

他们把内容泛娱乐的“精准垂直”理解到极限了。如果又要拍美食，又要拍影评，会让观众非常困惑，不知道你到底想干什么，他们是绝不会这么做的。

孙八一就牢牢竖起了商务说唱的标签，他一出场我就知道，这个人一定会是从这个节目获益最大的选手之一。

先单点突破，卡位到极致，再反转反差，以拓宽戏路，是任何一个爆款的必备操作手法。

如果你什么都想要，那你最后什么都不会得到。

迁移到平时的工作，我们需要借鉴的就是：一件作品只能传达一个主题，一篇文章只能力求说清一个观点。

四、戏剧性角色的设置

很多人问，为什么制作人导师里没有陈冠希，没有周杰伦，没有……

年轻人，这只是一个综艺娱乐节目，不是国际公认的标准赛事，没必要那么较真。

所有成功的综艺节目都有一个非常鲜明的特点：有人唱红脸，有人唱白脸。有冲突和矛盾，能满足各种人群喜好，让粉丝们各自找到自己的口味归属。

比如《奇葩说》里，如晶“呆萌”，飞飞结巴，姜思达妖艳……整个节目有棱有角，非常立体。而如果真的只是有板有眼的辩论赛，我相信没人会喜欢看的。

再回过头来看《中国有嘻哈》，“热狗”充当的是“老炮”角色，潘玮柏代表着主流大众，吴亦凡则是流量“鲜肉”，这种设置充满了话题性，他们组合在一起，既别扭又深刻，产生了奇妙的化学反应。

一部小说要有主角，还要有配角，要有正面人物，也要有反派角色，综艺节目也一样。前两期的电臀女团和男团idol（偶像）就很不幸地分配到了这样的设定。不清楚他们参赛前有没有心理准备，是不是天真地以为自己真的可以逆袭。再强调一遍这个时代的特征：No news is bad news（没有消息就是坏消息）。没有争议的节目是红不了的。

五、配套组合拳的地毯式攻击

且不说俗套的投票复活机制对民众热情的调动，单说每期广告歌居然会让已淘汰选手来演唱，歌词紧跟节目内容和当下热议的舆论氛围，就足以让很多制作单位汗颜。

大多数团队会能偷懒就偷懒，这种无关痛痒的小事没人会在意。看到音乐总监刘洲劝GAI爷的时候说“谁不累？我也昨天只睡了两个小时”的时候，我的敬佩之情油然而生。

是的，谁都不容易，但比你优秀的人比你更拼。

BECOMING

HIT MAKERS

How to Catch up with the Short Video and Live Streaming Trends

人人经济学：
不可逆的短视频与直播浪潮

第六章　IP 化生存必备实操手册

6.1 视频行业从业者入行须知

入行准备及进阶

◇ 这是一碗青春饭

风头每年都在变，即便做到了行业头部也会时常担心：如果有一天视频行业整体萎缩，自己该去做什么？这样的担忧，纸媒有，新媒体运营有，视频行业从业者也会有。

现如今这样的生活还要继续下去吗？想清楚退路了吗？带着这些问题，在这个行业里除了寻找财富，还应该沉淀出可以为终身事业添砖加瓦的资源池。

◇ 生活不规律

对于视频行业从业者尤其是后期剪辑来说，熬夜通宵是再正常不过的事情了。因为视频作品的产出相对于其他行业的工作更琐碎、更紧急，加工时间更长，要求也更高。

我每次找温智凡聊业务，都要挑深夜1点钟左右，因为他只有这段时间有空。团队壮大后，客户需求多变，各种沟通让人身心俱疲，播放量永远是悬在从业人员头上的达摩克利斯之剑，没有一天心情是能放松的。凡是做这一行的，基本都需要抢热点，大家都很焦虑，整个大环境简直逼得人喘不过气来。

近来有越来越多的人向我咨询：自己到底适不适合做短视频，怎样才能判断自己是否适合能做短视频呢？我认为比较合理的答案是，没有人不适合做短视频，只要做到有颜、有料和有趣中的其中一个，就能成为热门。

我从自身实践经验以及大量短视频创作者的案例中总结出下面4条建议，仅供想要进入短视频行业的朋友参考。

◇ 切勿顺从欲望，要跟着专长走

很多视频创作者看到“呆阿拿”[①]讲个游戏就能获得50万的点赞量，于是跟风出了许多游戏视频。但没坚持几期，看到

① 呆阿拿，原创游戏视频作者，代表有《拿不出手》《他们来了》系列，怪物声优。——编者注

“Papi酱”做了搞笑视频，于是也模仿着做了一些。过段时间又看到“美食作家王刚”[①]教大家做个干锅花菜就有500万的播放量，就又跟风发美食视频了。最终的结果便是要粉丝没粉丝，要流量没流量。

垂直度在账号前期建设阶段至关重要，朝三暮四的人很容易空手而归。在正式开始之前，我们要先琢磨清楚自己擅长什么，而不是想要什么。很多成功案例都是天时、地利以及人和的结果，是无法复制的。不要看到好的题材就跃跃欲试，好的不一定就是适合你的。只有明白自己的专长是什么，才能在执行过程中做到有的放矢。

◇ 专业性范畴拓宽

PGC之所以成功概率大，是因为其专业性，所以能在有趣和有料之间精准拿捏。UGC要形成竞争，先决条件就是要有自己的一技之长，在受众市场巨大的短视频行业中，一技之长的范畴已经被拓宽到有辨识度。

2018年~2019年众多短视频平台开始出现了严重的倒挂现

① 1989年出生于四川省自贡市富顺县，是一名厨师，同时也是一名视频播客。其录制的《美食作家王刚》系列做菜教学视频在网络上流传。——编者注

象。部分UGC素人的爆红速度和商业价值竟然远超PGC团队，典型的代表就是在抖音上实现季度涨粉1500万的“多余和毛毛姐”[①]和“带货狂魔李佳琦”。部分头部UGC之所以能够稳操胜券，就是因为有“辨识度”。只要你有“辨识度”就有机会收获一定流量。

无论是“西门飘飘”还是“辣目洋子”都算不上传统意义上的高颜值，“谷阿莫”和“呆阿拿”的成功更是和颜值无关，但他们照样保持着长久超高热度。你的粉丝刷到视频的第一瞬间就能认出你，这就是辨识度，这就是账号的灵魂。

◇ 有灵魂的账号才有未来

灵魂更多的时候会被人们表述为气质或气场，例如新晋时尚美妆博主“危险甜”作为一名女生，就在气质方面极具风格，很难被模仿。

没有灵魂的内容是没人看的，那么该如何判断一个账号是否有灵魂呢？当它的粉丝向别人推荐这个账号的时候，能够不假思索地脱口而出账号的特点时，那么就说明这个账号是有灵魂的。

① 短视频创作者，因创作“好嗨哦”而为人所知。——编者注

只有有灵魂的账号才能获得关注并保持生命力，如果连你自己都无法言简意赅地描述自己视频内容的话，那就说明你还没有找到散发灵魂的着力点。

◇ 灵魂源于热爱

创作者制作的内容如果是有灵魂的，就算是隔着屏幕受众都能强烈地感受到他的那种激情。他们在镜头里偶尔出现情绪低落或状态不佳时，观众也能第一时间捕捉到。内容的灵魂来源于热爱，而热爱是无法伪装的。

我从上学开始就对视频的制作充满热情，早在大三以前，我就已经熟练地掌握了Pr和AE基础。我在做本科和研究生毕业论文的时候就主动选择了视频方向，所以我最终选择做短视频其实是有一定爱好和专业基础的。再加上我选择的泛科普内容又是我最喜欢并且最适合自己的方向，所以尽管EyeOpener运营至今已经3年了，但我丝毫没有疲累的感觉。

热爱是不会过时的，粉丝看你的视频，不仅仅是学习知识或者是看你在那里搞笑，到后期往往追随的是一种态度和价值共鸣。对于创作者来说，只有真正热爱的东西才能促使自己坚持和创新下去。最适合你的方向一定是你最热爱的方向。

如果并非出于热爱，便会在过程中不断地怀疑自己，慢慢地就会患得患失。如果是因为热爱，那么在做特定领域的短视频时，创作者才不会急功近利一味求快。

◇ 热爱才有未来

经过两年多的发酵和积累，在人数5亿+的全平台短视频用户中，也才诞生了20余万个KOL（粉丝总量在10万+的用户），这与短视频的生产和运营有直接关系。图文自媒体创作者通常只需要较好的文笔便可以经营起一个账号，相较之下，短视频创作者不仅要有脚本创作的能力，还要进行拍摄、剪辑、后期以及配音等一系列复杂的工作。

随着行业兴起，剪辑、后期和运营岗位的需求不断增大，整体薪资水平也跟着水涨船高，要招到合适的人员非常困难。一方面是人力资源成本高，另外一方面是融资不易，再一方面是腰部及以下短视频账号的商业变现未成气候。所以多数账号前期都只能靠一己之力或少数几个人来制作和运营。

这样的行业现状吓退了很多人，在我身边半途而废的人占据了大多数。如果你是发自内心热爱、有持续的热情、有做好成为“变形魔女”和“八爪鱼”的心理准备，能克服繁杂的学习、制作和运营所带来的消耗，那成为一个或大或小的“网红”必定是迟早的事情。

◇ 机构合作模式

要想在某平台立足，最好对平台的制度、导向、政策和运营规则了如指掌，因为你的内容和平台的发展方向越契合，就越有可能获得流量扶持。

对于机构来说，签约一批账号，并且定期监督他们的产出，是最基本的运营任务，需要专门的人来逐条核对每日数据，并尽可能地贴近官方标准。因为数值虽然会不定期更新，但是最基本的数量是要保证的。所以，能短平快地产出内容，是符合平台需求最简单，也最重要的前提条件。

任何一个平台都欢迎拥有独特才艺的高质量账号，而不符合平台调性的账号则不在合作范围内。这就要求机构和个人都要多研究平台用户的喜好，多尝试内容更新，扩展覆盖品类。

至于官方的具体审核标准是什么，没有人知道，也可以说没有标准。常常要根据运营人员的主观意识判断自己的作品是否“符合标准”。因此，和官方运营搞好关系，了解运营的性格喜好和动向，是很多机构秘而不宣的核心竞争力。

至于视频是横版还是竖版，平台喜欢什么品类的视频，多长的时长比较合适等问题，是初学者最关心的问题，但它们恰恰是最无关紧要的。新的爆品每天都在涌现，形式和条框从来都不是最重要的因素。如何被用户喜欢，是专属于每个人的秘密武器，绝对没有什么通用公式。

不可触碰的行业雷区

◇ 版权红线

在因特网出现的几十年里，各类互联网版权纠纷案件层出不穷，网络让信息更透明、传播更便捷，也让信息的归属问题更加难以判定，有时候控诉别人抄袭的人自身也在侵权。

我经常看到有人在微博上控诉某微博大V盗版抄袭，却鲜少维权成功的案例。在信息带动社会快速发展的几十年间，超越原有法律框架明确定义的侵权行为很难由司法进行界定，只能依靠法律和道德并行约束，除此之外，只能酌情参考或修订现有法律框架进行规范。

2010年12月，北大方正电子有限公司诉宝洁公司侵权，方正电子诉讼称，宝洁在其生产的“飘柔”洗发水等产品的包装、标识中使用了方正电子的倩字体“飘柔”。方正电子认为，倩体“飘柔”二字属于中国著作权法所保护的美术作品，宝洁在未经许可的情况下，擅自在其产品上使倩体“飘柔”二字，构成侵权。在一审、二审过程中，双方争论的焦点都在于“单字是否属于著作权法所保护的美术作品的范畴”，海淀法院在一审中判决驳回了方正电子的全部诉讼请求，且认为方正倩体字字库符合我国著作权法规定的美术作品的要求，可进行整体性保护，但对于字库中的单字，不能作为美术作品给予权力保护。北京市第一中级人民法院在二审中也做出了“驳回上诉，维持原判”的终审判决。

涉及重要版权的视频不仅在上传时难以通过，即使通过，一旦视频播放量剧增，还有可能被版权方维权诉讼。而大部分创作者因为法律意识淡薄，在创作初期就埋下了不少定时炸弹。

据《2016年中国网络版权保护年度报告》披露（见图6-1）：

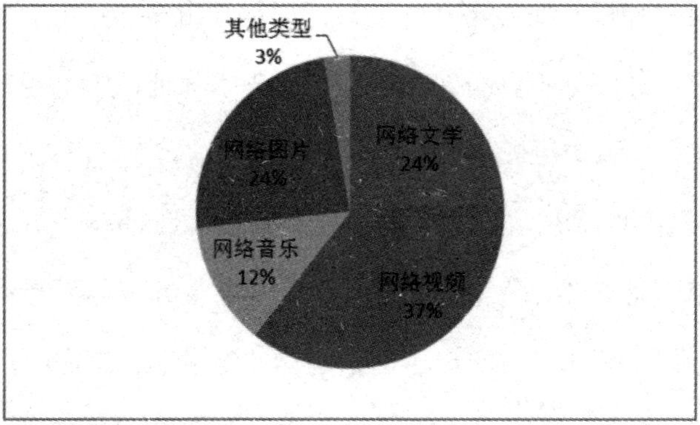

数据来源：中国信息通信研究院

图6-1　2016年网络版权侵权案件类型分布情况
图源：《2016年中国网络版权保护年度报告》

就公开的判决书情况来看，网络视频案件最多，占整个侵犯信息网络传播权案件数量37%左右，其中，相当一部分案件的侵权作品为基于热门IP开发的衍生产品，如《宫锁连城》《来自星星的你》《捉妖记》等，体现了网络版权的商品化诉求。

因为网络版权的规模化效应，市面上也涌现了一批专门为创作者维权的法律服务机构，如“快版权”“维权骑士”等，各个网站自己的法务也在积极帮助创作者维权，所以，如何规避版权问题，是入行的必修课。

1.尽可能自己拍摄制作，并保留证据，确保自己有足够的证据证明自己拥有作品的完整版权。

2.去正规版权网站购买素材。注意，不要去那种99元包终身的素材网站购买会员，因为这种网站的素材通常良莠不齐，来源复杂。

3.去著名的无版权网站下载素材。那些注明了CCO（知识共享组织）协议的素材都可以放心使用，因为创作人放弃了所有他享有的权，包括所有相关权利和邻接权。任何人都可以复制、修改、发行和表演他的作品，甚至可用于商业性目的，无须征求作者的同意。

4.征求原作者的授权和同意后使用，注意保留书面证据。

◇ 擦边球打不得

抖音社区自律公约里写得很清楚：

社区违规行为：

严禁盗用、复制他人作品，侵犯他人权益；

严禁发布垃圾广告；

严禁任何刷赞刷粉行为；

严禁一切违法、涉政、色情、血腥或涉及敏感物品的内容；

严禁诋毁或骚扰作者，发布不当内容；

严禁任何鼓励或煽动人们实施自残行为的内容；

严禁封建迷信内容，严控民间陋习（如捉奸、婚闹）；

严禁针对公众或个人安全发表严重威胁言论；

严禁煽动暴力行为，或者基于人们的种族、民族、国籍、地域、性别、性别认同、性取向、宗教信仰、残疾或疾病发起攻击。

以上利用人性弱点吸引眼球所制作的内容，不吻合平台风向标。如果不踏踏实实地生产内容，变成一个浮躁的流量收割机，迟早会自取灭亡。

“鉴于‘咪蒙’‘才华有限青年’等帐号为博眼球吸流量，长期发布虚假营销内容，贩卖社会焦虑，宣扬‘毒鸡汤’和丧文化，给社会带来了极大的负面影响，决定自即日起永久封禁上述账号，并拒绝此类账号再次注册。”这是官方媒体封禁违规账号时的通告。

以知乎为例的一众平台，纷纷将有关的账号注销。至此，一个浮躁的自媒体时代彻底终结。我们从《战狼2》《流浪地球》的票房奇迹可以看到，不是非要打擦边球才能获得好的数据和商业回报，内容足够好，**健康积极的内容一样也是大众需要的文化产品**。

◇ 找一家心仪的MCN

MCN即多频道网络播放平台，是从YouTube衍生出来的一种商业模式。用大白话说，就是网红经纪公司，帮助单一的视频创作者从策划、定位、包装推广、内容分发到招商引资等一条龙服务的工作室。他们通过各种经纪合同捆绑网红五到十年甚至终身的IP版权利益分配。

随着近一两年视频概念的爆火，越来越多的MCN机构开始浮出水面，走向更多人的视野。今日排行榜、新片场、门牙里的超级味、NALA、美空、papitube、火星文化等开始八仙过海，各显神通，各自跑马圈地抢签IP。

不过由于国情不同，国内MCN机构的现状非常尴尬，更多的像是在买彩票，看谁自己努力爆红了，他们好搭一个顺风车分一点儿油水。很多视频主叫苦不迭，觉得自己签了卖身契，但经纪公司却一点儿都不出力，承诺的媒体曝光和推广资源非常有限。

其实也不怪他们不作为，谁不想变成金牌经纪公司呢？但现实情况不容许，国内视频行业的乱象使得大家都陷入了困境。

由于各大平台对用户忠诚度和亚文化的营造能力很差，导致了MCN机构无法聚焦单一平台深耕细作，进行深度的沟通互动，所以在渠道上也就没有任何优势而言，他们能做的往往就是帮视频主做一些比较耗费时间的工作，最后还是得指望视频主自己引流，然后拿着好看的数据去找平台谈判。

不过，视频主自己都能火了，为什么还要MCN机构呢？

1.MCN机构的策划能力有限，并不能真正地帮助视频主点石成金。这很好理解，视频主都是自己在实践中积累出来的经验，他们才是一线的操盘手。

MCN机构里大多是一些实习生和有若干年平台经验的运营和编辑，他们的能力大多是基于平台本身的，只有将一个文档变成精美的PPT的能力，而不能想出一个天才的创意让艺人来展现。

2.广告和内容传播有着不可调和的矛盾。我们在微博上看到的自然引爆的视频大致遵循3B原则——“Beauty，Beast，Baby”（美女、宠物、婴儿），这些泛娱乐内容一旦涉及商业，很难获得大面积推广，一旦加入广告，就会失去传播性，只能消耗原有的粉丝。

就目前来说，内容创作者和MCN机构还处于“瞎猫碰死耗子”的阶段。如果没有MCN机构排行榜，自己的内容适合哪家机构要靠内容创作者自己去猜，他们无法主动联系机构平台，只能被动地翻翻后台和私信，等着被对方主动发掘。

我所能给予那些想做视频，但是仅有一点文字类自媒体经验的朋友的建议就是：

1.不要乱做。好玩的视频是很难变现的，不如一开始就稳扎稳打，找到一个成熟的细分领域，做有特色的知识输出，定位精准，IP标签化。

2.像找工作一样努力地找一家心仪的MCN机构签约。个人的力量是有限的，优秀的工作室能带给你更全面的策划和运营建议。

3.和电商捆绑、为内容付费以及广告植入，是短视频的三大营收来源。不要跟我举例哪家卖月饼的快破产了，而谁做内容服务商发了财，个例不值得研究，普适性才是最重要的。

4.研究国外网红模式收效甚微，因为与国情不符，就像东北二人转也走不出去一样。由于文化差异的限定，我们应该从身边搜集真正的娱乐需求，接地气是最重要的。

5.大多数PGC团队缺的不是创意，也不是文案，更不是宣传推广能力，他们缺的是剪辑和后期人员。

未来的三到五年，会发生新一轮行业大洗牌，图文的单调性已经满足不了“95后”“00后”的碎片化时间娱乐需求了，5~25分钟的短视频也只能算一个稍具雏形的IP，而和电商对接，直播变现，版权售卖，对于内容创作者来说又极其耗费精力，从理论上来说，他们应该极度依靠MCN机构。关于行业的僵局将会由谁率先打破，我拭目以待。

6.2 策划一个好的短视频账号

“我的视频做得这么好，为什么没人看？”这是最近两年来我被问到的最多的问题之一。

在我看来，这和“我这么好看，他为什么不愿意和我在一起？”是同样的问题。在策划一个好的短视频账号前，我们需要了解什么是优秀的短视频。

◇ 什么是优秀的短视频

短视频和长视频是完全不同的介质。传统电视、电影制作流程的复杂程度超乎很多业外人的想象，而短视频在制作上的流程就简单很多。“办公室小野”和“Papi酱”早期节目的全网播放量经常达到数千万甚至过亿，但她们其实都是用iPhone手机拍摄好，简单地做一下后期处理就上线了。

我们在前面讲到只要做到有颜、有料和有趣中的一个，就适合做短视频。

同样，作品只要具备三者之一，吸引到数十万粉丝就不是什么难事。随机分配三个选项，任选其中的两条，就很有机会挤进头部。

抛开颜值，有趣还有料的短视频才能被称为好的短视频。能歌善舞，厨艺精湛，游戏玩得好，有像PS一样的化妆技术，雅思口语8分或者是有一只有趣的宠物，这些都属于有料。

在自己最在行的垂直领域里深耕，就有火的机会，仅凭三两句话甚至一个表情就能把观众逗得前仰后合的，这叫有趣。

所以，如果你做了很多视频却没人看，有一个虽然扎心但一定真实的结论：大概率是因为你的视频里既没有体现颜值，又没有展现才华，还没有一点儿趣味。

◇ 选好赛道就成功了一半

在短视频领域，无论你是个人，还是团队，必须从一开始就选定领域和短视频的主要元素。

目前各大平台主流的推荐算法机制中，每一个账号都会对应一个流量池，机器会根据你发的内容匹配对应用户，然后通过用户的完播率、转发率、评论率和点赞率等内容，更精准地帮助你吸引更多粉丝。

要怎么选领域呢？短视频发展至今，领域越来越细化，常见的领域有搞笑、美食、时尚、旅游、娱乐、生活、资讯、亲子、知识、游戏、汽车、财经、萌宠、运动、音乐、动漫、科技和健康等等。

从目前的市场来看，搞笑类账号的生命周期是最长的。但这并不意味着初入行者一定要首选搞笑领域，最火热的领域不一定是最适合你的领域，要向内深挖自己的优点，然后将细节放大，以适当的形式展现在观众面前。

无论是团队还是个人，前期都必须选定账号最具辨识度的主要元素，让你的粉丝一碰到这个元素就能条件反射地认出这是你的账号。这个元素可以是人物、宠物、声音、动画，也可以是特效。

元素是账号得以持久发展的灵魂，失去了元素，账号就毫无意义了。当然，所选定的元素应该具有独特性，不会轻易被模仿和复制，它是你和其他同类账号抢占流量的核心竞争力。

一个账号的元素可以有很多个，但过多的元素会削弱账号本身的IP，使得账号变得毫无特色。所以，最好是选择可以合而为一或者有主次之分的元素。

◇ 从长计议，通盘谋划

在选定好领域以及确定好内容方向和主要元素后，就要开始规划账号长期的具体内容了。一方面，如果你在开始制作前没有策划好长期内容，那么在视频中期更新内容时就有可能偏离自己最初对账号的定位；另一方面，只有前期做好长远的规划，才不至于后期更新视频时乱了自己的更新周期。

当你到了可以和平台洽谈合作的时候，对方通常会询问你的短视频有多少存量。如果视频还没有开拍，他们需要看到你的策划案，以此来判断短视频的价值和成长空间，并决定是否给你一些绿色通道和有助于前期账号冷启动的资源。

在绝大多数领域里，短视频的创作能力归根结底还是讲故事的能力，所以制作好的短视频等于讲好的故事。在特定领域里讲好一个故事或许不难，但如果要讲好一系列的故事，就绝非易事了。

前期策划做得越细致，想得越透彻，走弯路或者白忙活的概率就越低。不要觉得长远规划浪费时间，从宏观上看，它更能帮你节约时间，因为你准备得越充分，后期执行起来才会越高效。

具体到单条视频的前期策划，做到期期都是有趣的视频其实是一件极具挑战的事情。短视频要在1分钟甚至15秒之内完整地讲好一个故事是极其困难的，所以，在一条短视频创作的前期策划中，就必然要选择性地压缩或者剔除故事的五要素，故事的五要素包括背景、冲突、解决方案、最后结果和启发。

相较之下，冲突、解决方案和最后的结果这三个要素是最容易触动用户的共情和感染情绪的，所以我们在策划视频的内容时，要优先保留这三个要素，而背景和启发通常可以在短视频的描述和用户运营中进行内容引导。在进行情节设计时，我们需要在前期做好充足的设想和预演，以免在拍摄甚至出片时因为突发状况而乱了方寸。

以上都是内容创作维度上的规划，而我们这一小节所讲的内容实际上还包含长远运营的规划，好的运营规划可以有效缩短短视频账号前期的冷启动时间。

前期需要思考的问题包含但不限于以下几方面：

第一个方面：视频更新周期。

在目前的短视频发展背景下，除非每期都是高密度、高营养和高期待的内容，否则周更已经算是很长的更新周期了。如果一个账号本身的内容并不十分出彩，还选择很长的更新周期，那么这个账号基本上就没有开发价值了，所以视频的更新周期最好做到一周多更。

当然，出于领域不同和制作难度不一，具体账号要具体分析。

第二个方面：更新的平台数量。

并不是任何内容都适合所有平台，也不是每个人或团队都有足够的时间把短视频发布到所有平台，你需要了解各个平台的发展现状，判断平台是否值得或适合发布你的内容。

第三个方面：预计播放量、互动量和粉丝数量。

尽管在实际操作过程中，预计的数值不可控，也没有太多的预估标准可以参考，但是可以将预期的数值当作自己的执行目标，也可以在执行过程中将其当作参照物。

第四个方面：关注同行和竞争对手。

大家需要定期关注同行或者竞争对手的动向。需要申明的一点是，做竞品分析和行业观察并不是为了抄袭他们的内容，而是通过观摩同行的手段、套路和方法，取其精华，去其糟粕，将其中的创意点做到为我所用。

和其他行业一样，短视频的制作看起来轻而易举，但实际操作起来却没有想象中那么简单。不要想当然地以为展现在我们面前的真实、滑稽或内容引起极度舒适的短视频制作起来很简单，实际上，无数成熟的短视频创作者们在把视频呈现给大家之前，每个环节都经历过无数次的打磨——尤其是策划环节。总而言之，短视频的前期策划至关重要。

6.3 制作一条合格的短视频

◇ 如何开拍一条短视频

确认账号的内容方向，是拍好短视频的第一步。在正式开拍前，每一期的视频策划同样至关重要。

◇ 好故事才有好视频

一条优质的短视频拆解开来也是一则优秀的故事，只不过因为输出内容和账号主体的风格不一样，而导致表达方式也有所差异。任何人都无法在没有准备的情况下进行长时间的精准输出，即使是已经很成熟的创作者们，在正式开拍前，也一定会先把故事写好，并反复琢磨这个故事的可看性和差异化程度。

我们在制作短视频时，通常在选题策划上就会花费很多的时间。经验会告诉我们选题方向、故事深浅和观点新颖与否，这些都极大地影响着我们故事的可看性，从而影响视频的最终播放量和互动数据。

一味模仿别人的视频，没有自己独特的创意，是很难有出路的。所有能在垂直领域杀出重围的视频创作者的作品都有一个共性——奇。

需要强调的是，奇虽然是好故事的决胜要素之一，但绝不是全部的要素。奇应该建立在真实的基础之上，要是只是为了奇而奇，很容易把握不好应有的度和下限。

如果在能力范围之内，我们实在无法讲出奇故事，那么真实也是一个可选的方向。

总而言之，好故事就是能够引起观众共鸣的奇故事和真实故事。

◇ 好的分镜头脚本是成功的一半

故事写好后，就要制作分镜头脚本了，这一步至关重要。分镜头脚本的作用通常体现在以下几个方面：经费的多少、视频的长度、前期拍摄的依据以及后期剪辑、包装的参照物。

分镜头脚本通常包括镜号、景别、镜头运动方式、角度、场景、表现内容、声音、镜头长度和备注等内容。通过制作分镜头脚本，我们可以对故事情节的合理性进行验证、细分或调整，还可以对涉及的所有道具和人员进行预先的规划和安排，并在其中加入更细节和走心的设计。

分镜头脚本越细致详尽，拍摄过程就会越顺畅，后期的剪辑和包装也会越高效。

我们在给客户做抖音运营时，最重要的一个环节就是确认动画分镜头脚本。通常，客户看过动画分镜脚本后，就会对整体有较为清晰的认识。这个环节中，我们会再三向客户确认是否认同我们的分镜设计，如果有问题，我们会进行修改和调整，没问题就正式开始制作。确认过分镜头脚本的片子后期很少再改动，极大地提高了我们的工作效率。

风格和结构比较固定或形式比较单一的短视频账号到中后期时可以省略分镜头脚本的制作过程，但对于新建的短视频账号来说，一定要花时间来制作分镜头脚本。

◇ 正确的视频脚本格式见表6-1：

表 6-1 “双十二”文艺书籍推荐视频脚本 时间：50s

序号	镜头	画面	时间	旁白	备注	书名
1	远景	优美的景色全集，再聚焦到女主	2s			
2	中景	女主对着镜头打招呼	5s	大家好，我是某某，今天向大家推荐几本“双十二”值得购买的书籍		
3	近景	镜头顺着女主的目光和手势移到第一本书，《诗经》	10s	这是“80 后 90 后生娃取名宝典"，不管你是头胎还是第二胎，家里可以备本《诗经》，别再给自己孩子取什么强啊秀啊的了，像屠呦呦、林徽因、琼瑶等等这些人的名字都来源于《诗经》，很美对不对？还没结婚也没有关系，诗经里有很多歌颂爱情表白对象的情诗，抄给对方，也是一件很浪漫的事情	贴纸 推荐指数：四颗星	诗经
4	近景	镜头切换到《浮生六记》	10s	每个女孩儿对于爱情都有自己期待的模样，如果你不偏爱那些轰轰烈烈的炙热之爱，喜欢清清淡淡却细水长流的感情，推荐你看这本《浮生六记》——2017 年红透半边天的网红书之一。汪涵推荐，人手一本，还没买的小伙伴可以下趁“双十二入手”，看看这本销了几百万本的书里到底藏着什么秘密。	贴纸 推荐指数：四颗半星	浮生六记

续表

序号	镜头	画面	时间	旁白	备注	书名
5	近景	镜头切换到《花间集》	10s	朋友圈还流行晒口红晒包包吗？不，优雅的小妖精都是在晒一书一笔一清茗。这本书素雅的封面，古韵的味道，翻开每一页，哪怕是摆拍你也是朋友圈最有风格的白富美。送女朋友礼物更是首选，这本书是 18 个最懂女孩子的男人写出的，基本都是在形容女孩子的美好，趁着“双十二”打折，送女朋友，做个有“求生欲"的男朋友。	贴纸 推荐指数：四颗半星	花间集
6	近景	镜头切换到《中国最美古诗词》	10s	“双十二”不仅仅是成年人的狂欢节，小孩子也应该有礼物。这本《中国最美古诗词》，老少咸宜，放家里，读完之后可以做装饰品，送小孩，万一是个熊孩子也要做最能出口成诗的熊孩子，长大了如果是个杠精也得做最有气质的杠精。	贴纸 推荐指数：五颗星	中国最美古诗词
7	近景+全景	所有的书摆放整齐，镜头围着转一圈然后来一一个全景	3s	画外音：买回家一定不后悔系列的书籍推荐介绍完啦，这些书“双十二”都有折扣，推荐入手哦。		

下面是EyeOpener团队为麦当劳做的一份视频脚本方案。(见表6-2)，在拍摄之前心里就要对镜头会呈现的内容做一个

表 6-2　麦当劳脚本方案

时间	定位	脚本	画面	画面参考
0~10s	以黑洞引出食物	还记得这张刷屏的照片吗？科学家历经两年拍下黑洞的“真身” 人们戏称为宇宙中的甜甜圈	真人出镜，搭配图片	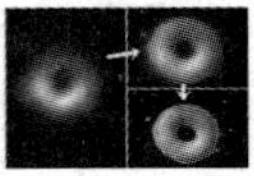
10~20s	类比美食有关的数字案例	有人在探索宇宙，有人心系美食 2014 年英国的科学家精算出最完美的甜甜圈最佳直径是 1.016 厘米	真人出镜，搭配图片	
20~30s		无独有偶的是 2018 年意大利两名科学家给出了烤出美味披萨的热力学公式	真人出镜及对应元素素材	
30~40s	引出炸鸡，提出问题引起好奇	当研究人员把思想聚焦到美食上时，你不知道他们会得出多少造福吃货们的结论 比如同样都叫炸鸡，为什么有的鲜嫩多汁有的干柴发硬？	真人出镜，炸鸡元素	
40~60s	“蒸”突出“鲜嫩多汁”	这是因为直接油炸的话，会造成食物水分大量流失。但有一种方法可以巧妙解决：蒸。 没错，初中物理告诉我们，标准气压下，水的沸腾温度是 100 度，由于食物在加热过程中处于封闭状态，直接与蒸汽接触，不会造成水分的大量蒸发，从而可以用更短的时间让其成熟。 这也是为什么蒸的食物营养价值更高。	真人出镜，搭配图片	

续表

时间	定位	脚本	画面	画面参考
60~80s	“炸”突出“酥脆口感”	而要想得到外酥内嫩的口感，还得通过急速冷冻和高温慢炸才能得到。 零下 18°C 是食品质量和能源消耗之间的最佳平衡点，急速冷冻以便维持鸡肉的新鲜质感。 经过高温油炸，传热量增加，鸡肉外层发生焦糖化反应，从而产生酥脆口感。	真人出镜，搭配图片	
80~100s	联合其他技术共同造就出 5 技炸鸡	没错，我说的就是麦当劳 5 技炸鸡。 除了蒸和炸，还有严选骨边活肉，精准算法切割，秘制酱料腌制等多种技术加持，让它可以在众鸡趋同的环境下脱颖而出。 这么复杂的黑科技，在家实现估计有点难度，也许你可以去麦当劳试一试。	“麦麦脆汁鸡”字卡展示， 真人出镜， 字卡关键词展示：入味、大块、脆皮、多汁、鲜嫩	
100~105s	彩蛋	不要走开!	达人试吃麦麦脆汁鸡，突出咔嚓、滋溜酥脆、多汁的声音!	

规划和引导，才更容易得到自己想要的成品。即使你不需要拍短视频，总要结婚吧，婚礼上想有一个唯美的VCR去呈现给宾客吗？除了一些千篇一律的模板，如果能自己策划设计撰写一个视频脚本，你的感受一定会不一样。

如果要拍摄一些有故事有内容的视频，脚本就会接近于剧本，对于主人公的人物设定（比如要从什么角度去拍人物、光线如何、表情如何），故事的前后逻辑关系，空镜是什么内容，人物对白是什么，导演根据剧本就能有效知道摄影师的工作，确保前期获得的素材能被使用和剪辑。

一个剧本，基本上要包含的两大要素就是听到什么和看到什么。场景、主题、形象、动作完全依赖画面和声音来呈现，换言之关于主观意识的表述例如“想到”“觉得”“开心”“难过”等等如果没有相应的画面设计呈现出来，观众是感受不到的。在创作剧本的时候，需要完全站在观众视角去倒推要拍摄怎样的素材，而不是光想着自己想表达什么。

而在熟悉了视频拍摄流程和概念之后，在实际的视频类自媒体的运营过程中，脚本的撰写往往不会做得这么精确和复杂，因为实际拍摄时会有许多的机动因素。而对于更为专业的视频制作工作室来说，出示更为复杂和精巧的分镜脚本是他们昂贵的服务内容之一。

综上所述，在拍摄之前，我们需要先列出：（1）策划主题；（2）内容概述；（3）风格（如果能搭配样片参考就更好了）；（4）分镜头描述；（5）字幕/配文/特效；（6）配音和背景音乐。画面如何进入、升格降格这些专业的后期会帮你调试。但是中心和主题，是只有操盘者自己先构建出来，知道自己要什么之后才能被实现和满足的。如果你自己没有概念，就先去看30个优秀的样片。

◇ 一部手机就够了

如果你的短视频不需要画面美感和精细化制作，那用一部手机来拍摄就足够了。

虽然手机拍摄的短视频效果不及专业摄像机，但相较之下，手机拍摄有着诸多优势：

1.大部分智能手机的拍摄功能已经足够满足绝大多数人的日常记录需求；

2.因为现在各大拍摄软件的普及，手机在后期制作时更能节约时间；

3.手机小巧方便，配合自拍杆或稳定器录制出来的视频比传统专业摄像机更灵活；

4.在移动设备特殊的推动下，“竖屏”风靡一时，已经成为短视频的主流，而手机可以轻松实现竖屏拍摄。

泛娱乐环境中，短视频的精髓在于亲近感，专业设备要是把握不好，便会给人一种画面疏离感，手机拍摄有时候反而会让人觉得亲近。更为重要的是，短视频的核心是IP，其他的一切准备都是次要项且必须为IP服务。

无论是拍摄设备的选择，还是录音、灯光、幕布和道具等其他拍摄要素，都必须围绕IP这个核心来进行选择。

除非画面美感是你的短视频的主要属性，否则一部手机基本就够使用了。

◇ 摄像必备基础知识

如果你的目标就是拍摄画面精细的短视频，那就非常有必要购买一台或一系列专业的拍摄设备，并系统地学习摄影摄像的相关知识。以下是一些基础的专业名词解释。

快门：快门是指摄影摄像器材中用来控制光线照射感光元件时间的装置。我们日常拍摄中讲的快门通常是指快门速度，即一张照片或者视频中每帧的曝光时间。快门数值越大，快门速度越慢，单张（帧）曝光时间就越长，反之亦然。常见视频的帧率通常都在24到30之间，所以通常视频模式的快门速度不会高于1/30s。

光圈：光圈是一个控制光线透过镜头进入机身内感光面光量的装置。我们日常讲到的光圈，通常指的是相机光圈数值的大小。光圈数值越小，光圈越大，景深越浅，画面虚化效果就越强；光圈数值越大，光圈越小，景深越深，画面前景和背景就越清晰。

ISO：又叫感光度，数码相机时代的ISO是通过调整感光器件的灵敏度或者合并感光点来实现的。ISO通常在100~6400之间，数值越高，照片或视频帧就越平滑和细腻，反之，画面就会越粗糙，甚至出现明显噪点。在光线充足的环境中，ISO通常都维持在800以下；而在暗光环境中，相机的拍摄会通过牺牲画面质量来捕捉内容，因而需要设置比较高的感光度。

构图：构图是指画面的布局和结构。适宜的构图可以明确画面元素的主次顺序，在营造画面美感的同时引导观众把注意力集中在主体处。最常见的构图方法是三分法构图、三角形构图、十字形构图、S形构图和对角线构图。

焦距：焦距也叫焦长，是焦点到面镜的中心点之间的距离，摄影上的焦距是指从镜头与镜片的中间点到光线能清晰聚焦的那一点之间的距离。根据焦距的长短，相机的镜头可分为标准镜头、广角镜头和长焦镜头。一般拍摄常用的焦距在8mm~300mm之间。

推拉摇移跟甩：是指在拍摄视频的过程中，摄像机利用推、拉、摇、移、跟和甩等形式来处理拍摄镜头的动态处理方式。有效利用相机和镜头的合理运动，可以让镜头语言更丰富，从而创造更多样的画面情绪。

此外，还有慢动作、延时摄影和定格动画等专业词汇。如果你对摄影摄像感兴趣，需要花费大量的时间研究专业书籍和教材。只有搞清楚所有的相关理论知识，并在实践中不断加以验证和理解，才有可能往更专业的方向发展。

虽然今天国内短视频画面的好坏仍然没有具体的标准，用户对画面的要求也不高，但随着时间的推移，国内用户必然会对包括画面在内的短视频质量有越来越高的要求。即便你现在做的不是专业视频，平日里也该多学习一些摄影摄像知识，它迟早会有用武之地。

◇ 剪辑和后期基础教程及注意事项

拍好画面的下一步就是整理素材，开始视频的剪辑和后期制作。

如今有很多剪辑视频的App可以提供一些基础的剪辑功能，

但一些稍加复杂的功能，比如有设计感的字幕制作、高端转场、调色、声音和画面构图等，目前的移动端剪辑App都无法做到很好的呈现效果。

从短视频行业的角度来看，除了那些一镜到底或者直接在拍摄时就拼接好的短视频，当红的绝大多数短视频创作者都很少会在手机上直接进行剪辑和后期处理。

从剪辑行业来看，为了更精准、更高效地把控细节，有一定规模和项目制作能力的团队通常会花费数万经费购买高清屏幕、最前沿的CPU、最优质的显卡以及尽可能大的存储容量。所以，要想学好剪辑和后期制作，你必须拥有一台性能足够好的电脑。

市面上最常见的剪辑软件有Adobe Premiere Pro、Final Cut Pro X、Edius和Sony Vegas等，复杂一点儿的有3D Studio Max和Cinema 4D等软件。

实际上，任何一款剪辑软件的原理和基础操作都差不多。无论是Adobe Premiere Pro还是Final Cut Pro X，当你掌握了其中任何一款软件的基础剪辑思维后，你就会发现，学习其他同类剪辑软件基本上只需要熟悉新的界面和快捷操作。下面以Final Cut Pro X为例，给大家详细介绍一下剪辑原理和具体的操作方法。

◇ Final Cut Pro X基础教程

一、正确认识剪辑的意义

剪辑是一份极其考验艺术感知和创作能力的工作。在任何视频形成的过程中，剧本是第一度创作，拍摄是第二度创作，而剪辑是第三度创作。好的剪辑师可以在前面两度的成果之上充分发挥自己的艺术创作能力，甚至能让作品起死回生。

学习剪辑的第一步就是要大量且重复地观看剪辑大师的作品，学习他们是如何处理镜头和镜头之间的衔接，如何用长镜头慢镜头渲染沉重的氛围，如何用镜头组有效地表达紧张的气氛，如何应用空白以及如何与音乐制作者高效协作，调用合适的音乐和音效的。

二、Final Cut Pro X剪辑和后期基础流程

剪辑的具体流程是有差异的，因为素材多少、成片长度和精细化制作程度的区别，同一个剪辑师剪辑不同视频的流程是不一样的。我接下来分享的方法更适合1分钟到3分钟短视频的剪辑。

1. 创建项目

在创建项目之前，需要建立资源库和事件。这样的设置是为了方便专业剪辑师对多个项目进行管理。对于短视频制作者来说，因为没有那么多的前期素材需要整理，所以多数时候我们的操作和管理都在项目中进行。

新建项目的画面比例和分辨率因平台而异，目前绝大多数的短视频平台普遍都鼓励使用1920像素×1080像素（1080P）或1080像素×1920像素（竖版）的高清项目。为了维护用户体验，部分平台会对分辨率在1280像素×720像素（720P）以下容易导致模糊和不清晰的内容进行自动限流。

2. 导入素材+整理素材

对于素材与成片比不超过5∶1的短片，我通常会直接先把素材整理好，然后拖拽到时间线上直接进行编辑，Final Cut Pro X会根据你的偏好设置选择自动将素材导入资源库或者保留在原文件夹，做到真正的高效快捷。

3. 剪辑

在短视频项目的剪辑过程中，熟练使用快捷键可以大大提高自己的剪辑效率。我个人最常用的快捷键如下（见表6-3）：

表6-3　Final Cut Pro X 常用快捷键

操作	命令	快捷键
复制所选片段	复制	Command+C
粘贴已复制片段	粘贴	Command+V
剪切播放头或浏览条位置选定片段	切割	Command+B
剪切播放头或浏览条位置的所有片段	全部切割	Shift+Command+B
删除所选	删除	Delete
选择时间线上所有片段	全选	Command+A
启用或停用片段	显示/隐藏	V
打开或关闭吸附功能	吸附	N
将片段开始点修剪到浏览条或播放头位置	修剪开始处	Option+[
将选定或最顶部的片段结尾点修剪到浏览条或播放头位置	修剪结尾处	Option+]
将基本字幕添加到播放头和浏览条位置	添加基本字幕	Control+T
拷贝选定的效果及其设置	拷贝效果	Option+Command+C
粘贴选定的效果及其设置	粘贴效果	Option+Command+V
将“选择”工具设为活跃	选择箭头工具	A
将“切割”工具设为活跃	切割工具	B
将“修剪”工具设为活跃	修剪工具	T
将“缩放”工具设为活跃	缩放工具	Z

4.添加效果、转场和字幕

剪辑完成后，就要添加效果和转场了，Final Cut Pro X内置的效果和转场可以满足绝大多数的短视频制作需求，比如快慢动作效果、调色、模糊和转场动效等等。如果想要更别致的效果，还可以上各种插件网站免费下载或购买。

确认好所有效果和转场之后，就要开始添加字幕。字幕的大小、颜色和长度等根据短视频的属性而定。比较严肃或抒情的短视频一般要用基础黑字或白字，以避免字幕喧宾夺主；比较活泼的娱乐化短视频则通常需要调用颜色比较鲜艳的字幕，使得画面更加丰富和多样。

5.渲染导出

最后一步是渲染导出。在弹出的导出窗口中，其他选项保持默认即可，视频编解码器则建议选择H.264解码器。

◇ Final Cut Pro X剪辑和后期注意事项

一、剪辑点的选择

剪辑点的选择不是随机的，需要结合短视频所要传达的情绪、对白与音乐的节奏，并充分考虑剪辑点与前后衔接镜头的关系。

一般情况下，抒情的片段需要用较长的平静的镜头来表达，如果有需求，还应用升格来烘托画面情绪，所选用的背景音乐也应该相对和缓。如果短视频需要传递紧张感，那每个镜头所要传递的信息就会更多、更快，甚至更有压迫感，画面的长度可能短到只有几帧，在剪辑制作中，需要配上镜头运动来进一步渲染氛围。至于到底在哪一帧切入切出，需要根据具体节奏来回调整，直到找到最适合的节奏点。

二、画面和转场的选择

画面的选择应以讲好故事为前提，尽量避免无关或冗余元素的干扰，转场的选用也是同理。在正式剪辑创作中，应当谨慎选用转场，类似“叠化”“模糊”“位移”“3D”等转场效果看似炫酷，但若是随意加入到叙事节奏特别紧凑的镜头中，则会打破故事的流畅感，效果适得其反。

三、字幕添加注意事项

对于短视频来说，逐条添加字幕不会耗费太多时间，但如果需要添加大量字幕，我建议辅以更快捷的字幕软件来操作，后期至少可以节约一半制作字幕的时间。

添加字幕时，还需要注意字体的选择。如果你是以公司或机构为主体注册的短视频账号，一定不要擅自使用版权字体，否则可能会收到带有巨额罚单的律师函。可供企业免费商用的字体有站酷黑体、站酷快乐体、思源合体和庞门正道标题体等。

四、音效和音乐的选择

制作音乐借助音乐/视频版权网站。如果你的账号是以机构为主体注册的，一定记得规避侵权。

此外，音效的添加至关重要，特别是动画或混剪项目，音效用得好，无疑会获得事半功倍的效果。

6.4 全网特色博主学习清单

八仙过海的视频博主们

◇ 教育类博主

看视频作为娱乐消遣是大部分网民的刻板印象，之前火过一阵的知名大学公开课就逐渐因为时间长，不接地气，不够实用而渐渐淡出了人们的视野。然而，B站却开了另外一种视频学习模式，兴起了“上B站看直播学习”的风潮（见图6-2）。

（图片来源：Bilibili截图）

图6-2：B站“剪辑学习”检索结果

全网范围内，最具代表性的学习类博主是李永乐、戴建业，以及复旦“女神”陈果。他们是中学、大学的老师，通过视频方式将知识深入浅出地讲解出来，获得了网民的喜欢。

当然，这不是他们的首创，早在《百家讲坛》时期，易中天、于丹、袁腾飞等学术明星的风潮就已经成就了许多学者。只是当新的平台崛起时，另一批人抓住了新的机遇，将自己的能量几何式地扩散了开来。

对于高级知识分子来说，如果让自己的专业领域知识娱乐化演绎，并且内容积极向上，不论是政策上还是平台运营角度，都会给予最大力度的扶持。这是知识就是力量的最好证明，人民群众日益增长的精神文明需求里，绝不仅仅只有对“小鲜肉”、眼球经济等粗俗的追求，各种知识的传播还是大有可为的。

◇ 亚文化类博主

古风圈、汉服圈的李子柒将古风这种亚文化可谓是做到了极致，与她类似的还有山村小杰，他的手工活儿做到令人咂舌，做出来的东西非常有趣且实用，更重要的是他的变现能力也比别的手工博主要强。

无论你是谁，只要你有一技之长，都可以尝试用短视频、直播的形式寻求更大的舞台。以前多少还需要经过节目组的筛选和检验，现在任何人只要有一台手机都可以。只需要最初的一两个爆红视频，就会有专业的团队找上你，跟你签约，提供专业的运营团队为你的内容服务。后面的事情就会变得顺理成章。所以不要怕，不要想太多，做就是了。

◇ 降维打击的艺人

欧阳娜娜的华丽转身。欧阳娜娜是谁？简单科普一下，她从小就和林青霞来往密切，姑姑是红遍亚洲的大明星欧阳菲菲，学大提琴考入世界顶尖音乐学院又辍学去演戏。欧阳娜娜拍在Vlog中，展示出荧幕上的女明星私下也就是个邻家学生女孩的生活状态，天真可爱的一面瞬间吸引大量粉丝。

这些视频并没有复杂的制作水准和要求，大多就是手机自拍，简单剪辑和特效，和大部分女生用小影或者趣推等软件做出来的视频并无二致。镜头中的欧阳娜娜时常素颜、搞怪，时常又恢复了女明星的大牌合影和秀场日常。首集播放量轻轻松松超过1000万。

作为头条系首档明星养成类节目，欧阳娜娜这一成功案例着实漂亮。明星通过社交媒体放大自己的明星效应，从最早的新浪微博上晒自拍、晒日常开始，已经成了粉丝追星的官方途径，后来明星开始常常做客直播间和网友互动，但因为直播会有太多不可控因素，所以举行的次数相对较少。

相对于Vlog来说，它更好操作，好传播，更亲切自然，也更符合当下的潮流。将Vlog当作日常生活的记录，需要明星本人高强度意愿的积极配合，欧阳娜娜作为一个偏国际化的明星来说，在配合度上还是非常高的。

在欧阳娜娜之后更是有大批明星入驻了头条和抖音，开始制作自己的短视频，加入了直播的行列。明星开拓新领域，着实是对平台和个人双方都有利的好事，现如今各大音乐播放软件的榜单排名几乎都是抖音的热门BGM（背景音乐），从中我们也能窥见其不可小觑的影响力。

◇ 图文类作者的成功转型

无数优秀的作家看着短视频的流量望洋兴叹，觉得自己的内容更适合沉浸式阅读，无法被碎片化娱乐化消费，但是依然有优秀的图文作者找到了。

我的老朋友贺嘉是我接触到的网红大V里学习能力和

执行力最强的人。从一个大学生开始申请TED牌照筹办TEDxzhuhai，成为FT中文网专栏作家，去长江商学院做演讲教练，开始在我的鼓动下开始运营知乎账号，到了抖音时代连短视频也是玩得风生水起。

每一个平台的红利都被他抓住了，这样的成功绝对不是偶然的，支撑他成功的因素正是他超强的学习力和执行力。大家可以去关注一下贺嘉，他在每一个平台的运营初期，都会跟所有初学者一样有着这样那样的问题——粗糙、尴尬，但过三个星期你再去看他，就会发现从内容到风格都有了明显变化。这都是他每天盯着数据后自我调整以及不懈努力后的成果，光是这股子劲儿，就让大多数视频运营者望尘莫及。

◇ 执着的器材党和技术流

抖音上有很多群体是靠技术来吸引粉丝的，高超的剪辑和后期技术，以及让人拍案惊奇的转场，为这些视频主带来了大量的流量和数据。对此，我想奉劝大家，如果有别的选择，千万不要沉迷于技术。

要知道，技术流是众多IP中最没有生命力的IP。

用户很快就会将你抛弃，软件技术的发展速度也会很快将你抛弃。

还有一些人喜欢纠结拍摄的器材、画质、打光等只有内行人才能辨别和在意的细枝末节的事情。诚然，高品质的视频具备很大的优势，但是这是一条非常容易被攻打和破坏的护城河，凡是用钱就能买到的东西都不值钱。

在短视频领域，什么东西值钱？创意、灵感、故事、人设。

如果你非要执着于做一个技术流账号，请一定为自己的账号策划一个有辨识度的人设，这样才能让你的粉丝愿意长期追随你，学习技术，学习生活态度，学习价值观。

自媒体的本质是提供社交服务，让孤独的年轻人在网上交朋友。是的，网红博主们的本质是和粉丝做朋友——因为只有朋友之间的感情才能长久，才有黏性。

后记 未来，以万变应万变

从艾媒咨询所统计的短视频平台月活用户规模的角度看，经过一年的厮杀与抢夺之后，抖音、快手C位胜出的格局似乎已经确定（月活用户规模远超第二梯队的西瓜、火山和美拍等）。

根据艾媒咨询给出的2016~2020年中国短视频用户规模及预测表格（2018年的用户规模达5.01亿）可以看出，短视频用户的增长峰值已过，未来中国短视频行业的用户规模将趋于稳定平缓。

虽然再出现类似抖音的黑马型产品的概率较低，但作为创作者，应该保持敏锐度，时刻关注行业新动向。在不影响整体运营效率的前提下，将内容尽可能多地发布到各个平台以获取高曝光，运营上因渠道而异，做到尽可能精细，争取全面开花。

当新产品出现时，应及时入驻并抢注固定ID。

EyeOpener就因为没有在前期及时注册ID，导致入驻时发现ID早已被人抢注。在沟通无效的情况下，只能在部分平台启用别名，这给后期运营造成了不小的麻烦。向多方咨询后，我们采取了这样的办法：先将名称“EyeOpener”注册为指定类目的商标（前后流程接近一年），待商标下来后，再去跟平台或现ID持有者协商。

另外，需要指出的是，平台用户增长速度放缓并不代表创作者入行难度变大。目前处于成长期和成熟期的创作者之中，内容真正可以达到优质的可谓乏善可陈，所以只要新入局者水平足够，冷启动难度并不会较2018年大太多。

艾瑞数据2016~2010年中国短视频营销市场规模及预测的数据显示，2018年，中国短视频规模约达140.1亿元，预计2020年将超过550亿元。

另外，AdMaster（精硕科技）在2017年和2018年分别对90家广告商和代理公司进行了调查。数据显示，短视频直播的投放意向从2017年的22%增长到了62%，现已成为广告商们所追捧的广告投放形式。

一方面，这意味着短视频行业的营销红利即将到来。已经成长为KOL的短视频创作者的变现可能和规模将持续增大，新入局的创作者也将有更多的机会接触到营销资源，从而促进账号快速成长。

另一方面，需要警醒的是，在用户增长速度放缓的趋势下，深耕用户经营势必将成为平台未来的主要方向；且随着更多新鲜血液的注入（“95后”“00后”群体），整体视频的呈现形式和用户的喜好也将相应变动。

创作者在深耕垂直领域的同时，应该与时俱进，保持创新，否则，即使已经成为头部网红，如果不能持续稳定地产出爆款内容，也很可能会失去市场竞争力，被后来者挤占空间甚至完全替代。

作为创作者，在保持优质内容生产的同时，要主动尝试多元化经营。商业上，在不伤害粉丝的前提下，也要适当寻求尝试和变化。过去两年的经验告诉我们，永远不变的就是变化，作为创作者，我们在保持初心的前提下，应顺应时势，保持开放心态，以万变应万变，才能抓住机遇，突破重围。

六人行 LIU REN XING　发展学会

有时候，书只不过被当作催眠的利器，

然而，一本书能让失眠的人睡去，也能让沉睡的人醒来。

有多少书，能让我们看清这个世界，成为我们看不见的竞争力；

又有多少书，能让我们在看清这个世界的同时，仍旧热爱这个世界。

阅读增添感性，也是一种新的性感。

你所读过的任何书，都会进入你的心灵和血肉，并最终构成你最甜美的部分。

关于人生大问题的答案，要你自己去慢慢拼凑；

但一本本的书给出的小小回答，却可以帮你抵抗终极的恐惧。

我们的一生有限，你想去的地方，你要做的事情，也许总不能完全实现。

唯有读书的时候，你可以在灵魂中撒点儿野。

要知道，人生终须一次妄想，带领我们抵达未知的生命。

你的时间那么贵，要留给懂你的人。